Frank Bajohr/Dieter Pohl

Der Holocaust als offenes Geheimnis

Die Autoren dieses Buches untersuchen die viel diskutierte, aber bislang kaum untersuchte Frage, wie die deutsche Bevölkerung mit ihrer Kenntnis von Judenverfolgung und Holocaust umging, und wie die NS-Führung auf die weltweite Diskussion dieser Verbrechen reagierte. Im ersten Teil des Buches wird untersucht, wie sich nach 1933 zwischen NS-Regime und Bevölkerung schrittweise ein antijüdischer Konsens herausbildete. Dabei spielten der gesellschaftliche Antisemitismus, die wachsende Popularität des NS-Regimes und Hitlers sowie persönliche Vorteile eine wichtige Rolle. Nach der Kriegswende 1942/43 wurden die Morde an der jüdischen Bevölkerung zwiespältiger aufgenommen, was jedoch nicht zu Gefühlen der Scham, sondern eher zu Schuldabwehr und Aufrechnungsstrategien führte.

Bereits unmittelbar nach Beginn der Massenmorde im Sommer 1941 verbreitete sich das Wissen über diese Verbrechen weltweit. Im zweiten Teil des Buches wird gezeigt, dass die nationalsozialistischen Eliten dies sehr genau registrierten, aber erst nach Stalingrad ging die NS-Führung zur propagandistischen Gegenoffensive über.

Frank Bajohr, Dr. phil., Jg. 1961, ist Leiter des Zentrums für Holocaust-Studien am Institut für Zeitgeschichte in München.

Dieter Pohl, Dr. phil., Jg. 1964, ist Professor für Zeitgeschichte mit besonderer Berücksichtigung Ost- und Südosteuropas an der Universität Klagenfurt.

Frank Bajohr/Dieter Pohl

Der Holocaust als offenes Geheimnis

Die Deutschen, die NS-Führung und die Alliierten

C.H.Beck

Mit 24 Abbildungen

Die erste Auflage dieses Buches erschien in gebundener Form im Jahr 2006

2. Auflage. 2020
Unveränderter Nachdruck

Satz: Janß GmbH, Pfungstadt
Druck und Bindung: Beltz Grafische Betriebe GmbH, Bad Langensalza
Umschlaggestaltung: roland angst, Berlin + stefan vogt, münchen
Gedruckt auf säurefreiem, alterungsbeständigem Papier
(hergestellt aus chlorfrei gebleichtem Zellstoff)
Printed in Germany
ISBN: 978 3 406 75859 1

www.chbeck.de

Inhalt

Einleitung

Ihr ganzes Berufsleben hatte Ilse F. im Vorzimmer der Macht verbracht und bis zu ihrer Pensionierung 1967 als erste Sekretärin für fünf Bürgermeister der Freien und Hansestadt Hamburg gearbeitet – vom ersten demokratisch gewählten Bürgermeister der Nachkriegszeit, Max Brauer (SPD), bis zu dessen Parteifreund Herbert Weichmann. Ihre berufliche Karriere hatte die 1905 geborene Ilse F. freilich nicht erst in der Nachkriegszeit begonnen, denn bevor sie der Emigrant Brauer als Sekretärin einstellte, hatte sie in gleicher Funktion dem Hamburger NSDAP-Gauleiter und Reichsstatthalter Karl Kaufmann gedient: ein durchaus pikantes, aber nicht völlig untypisches Beispiel beruflicher Kontinuität über die politischen Zeitläufte hinweg.

Von 1933–1945 verkörperte Gauleiter und Reichsstatthalter Kaufmann das Zentrum politischer Macht in Hamburg. Dies galt nicht zuletzt für die nationalsozialistische «Judenpolitik» der Hansestadt, in der nichts gegen Kaufmanns ausdrücklichen Willen geschah. Zwar gehörte er nicht zu den mordenden Direkttätern der «Endlösung», war aber am Holocaust in vielfältiger Weise beteiligt. So hatte er massiv auf die Deportation der Juden aus Hamburg gedrängt und sich im September 1941 bei Hitler persönlich ein entsprechendes Plazet eingeholt («Der Führer hat meiner Bitte unverzüglich entsprochen und die erforderlichen Befehle zum Abtransport der Juden erteilt.»[1]). Über die Details der Deportationen seit Herbst 1941 hielt ihn der zuständige Höhere SS- und Polizeiführer schriftlich auf dem Laufenden («Der nächste Judentransport, der eigentlich morgen abgehen sollte, ist wegen Materialknappheit um 8 Tage verschoben worden.»[2]). Insofern muss Ilse F. auf Grund ihrer dienstlichen Stellung mit einer Vielzahl von Vorgängen rund um die Verfolgung und Deportation der Juden konfrontiert gewesen sein.

In einem Interview, das sie 1995 der Hamburger Historikerin Beate Meyer gab, suchte sie jedoch einen gegenteiligen Eindruck zu erwecken.[3] Sie, die beruflich im Zentrum der Macht gearbeitet hatte, wollte von entsprechenden Vorgängen nichts wahrgenommen haben:

> «Also, wir wussten ja von dem nichts, wir erfuhren bloß mal so was hinten rum, und dann sagten wir: ‹Das kann doch gar nicht wahr sein.› […] Wann sollte ich nun mal was erfahren?»[4]

Ilse F.s Bemerkungen bezogen sich – wie aus dem Interview hervorgeht – eindeutig auf den Judenmord: Einerseits wollte sie «nichts», andererseits «mal so was hinten rum» (wie das Erschießen von Juden) erfahren haben: nicht die einzige kryptische Bemerkung in diesem Gespräch, mit der sie ein Wissen um Verbrechen zaghaft einräumte, und es gleichzeitig vehement bestritt, noch ergänzt um den Hinweis, dass überlebende Opfer nach 1945 schließlich selbst über ihre Erlebnisse nichts erzählt hätten.

Auf Nachfrage jedoch zeigte sie sich über bestimmte Einzelereignisse sehr wohl informiert, beispielsweise darüber, dass zu Tode gefolterte Häftlinge im KZ Fuhlsbüttel immer sofort eingeäschert wurden, um die obligatorische Leichenschau zu umgehen, und dass Hamburgs Gestapo-Chef Bruno Streckenbach («der meinem Gefühl nach nette Streckenbach») in die Vertuschung derartiger Vorgänge verwickelt war.

Im Vorstellungsgespräch bei Nachkriegs-Bürgermeister Brauer hatte dieser sie gefragt, ob sie «mit Todesurteilen oder irgendsolchen Sachen» zu tun gehabt hätte, was sie energisch in Abrede stellte («Davon hab ich gar nichts gewusst, das ist nicht der Fall.») Im Interview jedoch dementierte sie ungewollt dieses angebliche Nichtwissen, als sie über ihren vorherigen Chef, Reichsstatthalter Kaufmann, den sie als «durchaus freundlich und nett» schilderte, zur Illustration von dessen «Menschlichkeit» folgendes berichtete:

> «Da hatte er irgend so einen Brief – jetzt als Beispiel – von einem Scharfrichter, von einem Henker, den er beantwortete, von der Eingabepost. Da sagte er zu mir: ‹Sagen Sie, möchten Sie jetzt Scharfrichter sein?!› Ne, er hatte durchaus das Gefühl, dass er Mensch unter Menschen war.»

Gauleiter und Reichsstatthalter Kaufmann war insofern qua Amt an Todesurteilen und Hinrichtungen beteiligt, als er über Gnadengesuche von Verurteilten entschied und nach deren Ablehnung vom

Henker eine Vollzugsmeldung über die erfolgte Hinrichtung erhielt. Es war mehr als bezeichnend, dass er nicht etwa die Delinquenten bemitleidete, sondern den Scharfrichter, der «jetzt» – also während der NS-Herrschaft – so viele Hinrichtungen durchzuführen hatte. Noch bezeichnender war es jedoch, dass Ilse F. ausgerechnet dieses Beispiel wählte, um das mitmenschliche Empfinden ihres Vorgesetzten zu illustrieren, und mit der Episode zugleich ihr angebliches Nichtwissen um entsprechende Vorgänge Lügen strafte.

Der Fall der Sekretärin Ilse F., die an exponierter Stelle gearbeitet hatte und dennoch nichts erfahren haben wollte, war nach 1945 für den Umgang vieler Deutscher mit den Massenverbrechen der NS-Zeit geradezu repräsentativ. Kaum jemand zeigte sich bereit, über sein Wissen offen zu sprechen, während diejenigen in der Mehrheit waren, die ihr Nichtwissen oft gebetsmühlenhaft mit dem Satz bekundeten, «es» nicht gewusst zu haben. Diese Redewendung kam manchem ausländischen Beobachter wie eine heimliche deutsche Nationalhymne vor.[5] Wie das Interview mit Ilse F. zeigt, bereitet allerdings eine genauere Definition dieses «es» enorme Schwierigkeiten. Zum einen wurden in der NS-Zeit eine Vielzahl unterschiedlicher Massenverbrechen verübt, zum anderen zerfiel der heute als «Holocaust» oder «Shoah» bezeichnete Massenmord an den europäischen Juden in eine Vielzahl von Mordaktionen und erstreckte sich über mehrere Jahre. Vor allem jedoch war die Frage des Wissens von Anfang untrennbar verbunden mit Strategien der Leugnung und impliziten Selbstrechtfertigung. Pauschales Leugnen sicherte Ilse F. nach Kriegsende ihre Weiterbeschäftigung und damit ihre wirtschaftliche Existenz. Wenn sie im Rahmen einer der gängigen Meinungsumfragen gefragt worden wäre, ob sie vor 1945 von der Vernichtung der Juden erfahren habe – eine Frage, die jeweils 32–40 % der Deutschen mit «ja» beantworteten, dann hätte sie möglicherweise ein «nein» angekreuzt. Die Frage nach dem genauen Wissen wird sich deshalb niemals präzise beantworten lassen, wenngleich selbst die zurückhaltendste Schätzung von mindestens 20–25 Millionen «wissenden» Deutschen ausgeht.

Deshalb steht die schon klassisch gewordene Frage nach dem Wissen der Deutschen nicht im Mittelpunkt der beiden folgenden Beiträge. Die ständige Wiederholung dieser Frage droht nämlich ungewollt ein Bild zu verfestigen, nach dem ausschließlich die NS-

Propaganda und nationalsozialistische «Judenpolitik» die Verfolgung der Juden vorantrieben und die deutsche Bevölkerung lediglich passiv darauf reagierte. Geht man jedoch davon aus, dass jede Form der Herrschaft – auch eine diktatorische – eine soziale Praxis ist, an der die «Beherrschten» in vielfältiger Weise beteiligt sind, dann müssen vor allem jene Determinanten herausgearbeitet werden, die das Verhalten nichtjüdischer Deutscher gegenüber der Judenverfolgung bestimmten. Deshalb fragt der Beitrag Frank Bajohrs nicht nur nach der *Haltung*, sondern nach der *Handlung* der Deutschen und nimmt nicht zuletzt die Verschränkung von ideologischen Vorgaben und persönlichen Interessen bei der Judenverfolgung in den Blick.

Wie die internen Lageberichte des NS-Regimes zeigen, stimmte die deutsche Bevölkerungsmeinung zu keinem Zeitpunkt vollständig mit der nationalsozialistischen «Judenpolitik» überein. Stets gab es abweichende Stimmen, die moralische Bedenken äußerten und vor allem gewalttätigen antijüdischen Aktionen ablehnend gegenüberstanden. Dies sollte freilich nicht den Blick auf die wachsende Zustimmung der Bevölkerung zur «Judenpolitik» eines zunehmend populäreren NS-Regimes trüben, oder – um es anders zu formulieren: Jedes halb leere Glas ist gleichzeitig immer auch halb voll. Deshalb fragt der Beitrag über das Verhalten der deutschen Bevölkerung ausdrücklich nach dem wachsenden Ausmaß des antijüdischen Konsenses im «Dritten Reich». Dieser machte sich aus Sicht der jüdischen Betroffenen nicht zuletzt in einer wachsenden gesellschaftlichen Isolation bemerkbar, die keineswegs allein «von oben» erzwungen werden musste.

Der antijüdische Konsens war mit einem allgemeinen Mordkonsens nicht identisch. Wie die neuere Täterforschung überzeugend herausgearbeitet hat, war auch das Gros der mittlerweile auf 200 000 geschätzten Täter des Holocaust keineswegs von einem inneren, persönlichen Mordwillen motiviert.[6] Dennoch setzte der Massenmord neben einer Vielzahl situativer Faktoren implizit voraus, dass die Täter den Grundsatz weitgehend verinnerlicht hatten, dem zufolge Juden als Gegner und Feinde einzustufen waren. Selbst deutsche Juden betrachtete die Mehrheit der Täter keineswegs als bedauernswerte Landsleute. Ohne einen impliziten antijüdischen Konsens wäre nicht erklärbar, warum die große Mehrheit der Täter entsprechende Feindbilder so widerspruchslos akzeptierte.

Drittens schließlich wirft der Beitrag über das Verhalten der deutschen Bevölkerung die wichtige Frage auf, wie denn diese auf den Massenmord an den Juden reagierte und ihn im Wandel des Kriegsgeschehens deutete. Denn Indifferenz und demonstratives Nichtwissenwollen waren seit der zweiten Kriegshälfte keineswegs die einzigen sichtbaren Verhaltensmuster. Vielmehr verbreiteten sich Bestrafungserwartungen und Vergeltungsängste, die massiv auf ein unterschwelliges schlechtes Gewissen hindeuteten.

Für diese Grundhaltung lieferte auch das erwähnte Interview mit Ilse F. vielfältige Hinweise. Seitdem Ilse F. 1943 wegen ihrer besonderen Stellung im Sekretariat des Hamburger Gauleiters und Reichsstatthalters eine Wohnung in einem Haus zugewiesen worden war, das zuvor einem jüdischen Besitzer gehört hatte, lebte sie in einer latenten Erwartung von Strafe und Rache, die einst von Juden ausgehen werde.[7] Im Interview berichtet sie von ihrer Erleichterung, als die Kinder des emigrierten jüdischen Eigentümers nach 1945 die Rückgabe des Hauses anfänglich nicht verlangten. Dann fährt Ilse F. fort:

> «Dann wurde das Haus doch wieder zurückgegeben. Dann wurde das Nachbarhaus – müssen wohl auch Juden gewesen sein –, jedenfalls die kauften es und ließen es modernisieren. Das heißt, sie setzten uns erst mal alle raus.»[8]

«Rausgesetzt» wurde Ilse F. im Jahre 1963, achtzehn Jahre nach dem Zweiten Weltkrieg, wegen einer anstehenden Modernisierung, und zwar keineswegs – wie sie mutmaßt – von jüdischen Eigentümern («müssen wohl auch Juden gewesen sein»), hatte doch das Nachbarhaus jahrzehntelang einer nichtjüdischen Witwe gehört. Ilse F. hatte ihre Bestrafungsangst so weit verinnerlicht, dass sie dieselbe auf eine Situation zurückprojizierte, in der es um eine banale Wohnungsmodernisierung der sechziger Jahre ging, keineswegs um Rache oder Bestrafung. Ilse F.'s abstruse Projektion verweist darüber hinaus nicht nur auf unterschwellige antisemitische Stereotype (wie die des raffgierigen und rücksichtslosen jüdischen Hausbesitzers), sondern offenbart auch eine versteckte Aufrechnungsstrategie, mit der sie – die von der Judenverfolgung indirekt profitierte – sich als Opfer ‹jüdischer Rücksichtslosigkeit› darzustellen versucht.

Solche Aufrechnungsstrategien grassierten in der deutschen Bevölkerung verstärkt nach der Kriegswende von Stalingrad 1943 und dem intensivierten Bombenkrieg gegen die deutsche Zivilbevölkerung. Sie prägten auch den Umgang vieler Deutscher mit dem Massenmord in der unmittelbaren Nachkriegszeit und waren Ausdruck eines schlechten Gewissens, das sich ohnehin selten in offen bekundeter Scham auszudrücken pflegt. Gleichzeitig demonstrierte dieses verkappte schlechte Gewissen, dass die Mehrheit der deutschen Bevölkerung den Massenmord an den Juden durchaus als Bruch elementarer moralischer Normen begriff und für den Fall einer Kriegsniederlage zumindest partiell auch negative persönliche Konsequenzen erwartete.

Doch nicht nur die deutsche Bevölkerung, sondern auch die nationalsozialistische Führung und weite Teile der Eliten waren sich darüber im Klaren, dass vom Kriegsausgang mehr abhing als die Verwirklichung der gigantomanischen nationalsozialistischen Herrschaftspläne; anders als im Ersten Weltkrieg drohte nämlich eine Bestrafung durch die Alliierten für die begangenen Massenverbrechen. Dieter Pohl beschäftigt sich in seinem Beitrag mit der Frage, wie die Massenmorde an den europäischen Juden von der internationalen Öffentlichkeit wahrgenommen wurden und die NS-Führung auf entsprechende Veröffentlichungen und Vorhaltungen reagierte. Im Gegensatz zur deutschen Bevölkerung erübrigt sich für die Führungsetagen des «Dritten Reiches» die Frage nach Wissen oder Nicht-Wissen über den Holocaust. Auf der einen Seite fanden sich hier sämtliche Planer, Organisatoren und auch viele Exekutoren der Massenmorde, auf der anderen Seite wurde eine Vielzahl von Institutionen qua Amt über den Verlauf der Massenmorde in Kenntnis gesetzt. Wo dies nicht der Fall war, sorgte die europaweite Kommunikation unter den deutschen Institutionen, die ja große Teile des Kontinents verwalteten und ausbeuteten, für einen konstanten Fluss an Informationen.

Das NS-Regime versuchte eine Diskussion über die Massenmorde in der deutschen und internationalen Öffentlichkeit nach Möglichkeit zu unterbinden, musste jedoch feststellen, dass die Verbrechen bereits Wochen nach ihrer Verübung in der internationalen Öffentlichkeit bekannt wurden. Dieses internationale Bekanntwerden der Massenmorde ist seit Anfang der 1980er Jahre ausführlich beschrieben und analysiert worden.[9] In diesem Zusammenhang richtete sich der Focus vor allem auf die Frage, warum die Alliierten so zögerlich reagierten, erst spät und begrenzt zu Rettungsaktionen schritten. Ein entscheidender Grund lag sicher in der geringen Akzeptanz der grauenhaften Nachrichten.

Kaum untersucht wurde jedoch die Frage, wie die Führung des «Dritten Reiches» mit der internationalen Publizität der Verbrechen umging.[10] Der Völkermord fand, will man es überspitzt formulieren, in *aller* Öffentlichkeit statt. Zunächst also verdeutlicht die genaue Registrierung des ausländischen Medienechos durch das Reich erneut den Charakter des Holocaust als «offenes Geheimnis». Wichtiger scheint jedoch, dass die Reaktionen der Spitzenfunktionäre auf die – aus ihrer Sicht – unangenehme Berichterstattung Rückschlüsse auf deren Selbstwahrnehmung und Selbstverständnis erlauben. Bis zum Kriegsausbruch 1939 reagierte die NS-Führung recht empfindlich auf ausländische Beschuldigungen. Dann begann mit den «Blitzkriegen» ab 1939 eine Zeit der militärischen Erfolge, in die ab Mitte 1941 auch der systematische Massenmord an den Juden fiel, und im Gefühl des sicheren Sieges maß die deutsche Führung unbequemen Meldungen über begangene Verbrechen keinerlei Bedeutung zu. Erst um die Jahreswende 1942/43, als die deutschen Truppen in Stalingrad stecken blieben, nahm die NS-Propaganda die internationale Publizität der Verbrechen ernst. Nach Stalingrad war sich die NS-Führung nicht nur über die einschneidenden Konsequenzen einer möglichen Kriegsniederlage im Klaren. Besorgter zeigte sie sich nun auch um die Verschleierung der Verbrechen wie um die Haltung der deutschen Bevölkerung und der Verbündeten des «Dritten Reiches». Die Jahre 1943–1945 stehen deshalb hier im Zentrum des Interesses. Während dieser Zeit verstärkte sich das Wechselspiel zwischen den alliierten Berichten über deutsche Massenmorde und der deutschen Propaganda. Diese wechselte mehrfach die Strategie, zunächst mit einer Verstärkung des Antibolschewismus, dann mit dem Vorwurf der Kriegsverbrechen an die gegnerische Koalition. Für die NS-Spitze spielte die Angst vor Bestrafung kaum eine Rolle, sie hatte längst alle Brücken hinter sich abgebrochen. Für die Funktionäre des Regimes in den Verwaltungen und Organisationen stellte sich das Problem jedoch in zunehmendem Maße, insbesondere nach dem Eindringen alliierter Truppen ins Reich. Militärs, Diplomaten und Ministeriale, teilweise auch die Männer aus dem SS- und Polizeiapparat legten sich bereits die Rechtfertigungsstrategien für die Nachkriegszeit zurecht.

Dieser Teil der Vorkehrungen für die Nachkriegszeit wurde zwar kollektiv organisiert, jedoch individuell in die neue Zeit mitgenommen. So begann unterschwellig schon 1943/44 eine Kontinuität der Selbstrechtfertigung, die über Jahrzehnte reichen sollte.

Da die Reaktion der deutschen Führung auf die internationale Berichterstattung erst ansatzweise untersucht worden ist, konzentriert sich die Darstellung auf die federführenden Instanzen, vor allem das Auswärtige Amt, das die internationale Berichterstattung systematisch registrierte, und Goebbels' Propagandaimperium, das die Marschroute für darauf folgende Reaktionen ausgab. Beide verstanden die propagandistische Abschirmung der eigenen Taten als Mitarbeit am großen Projekt der «rassischen» Neugestaltung Europas. Auch als diesen monströsen Planungsphantasien mit der Kriegswende 1942/43 allmählich die Grundlagen entzogen wurden, änderte die NS-Führung ihren verbrecherisch-genozidalen Kurs nicht, weil die manische ideologische Fixierung auf den vermeintlichen jüdischen «Weltfeind» eine Abkehr nicht erlaubte und diese zudem keine entscheidenden strategischen Vorteile versprach. In der zynischen Logik selbst eines kühl kalkulierenden Massenmörders spielte es schließlich keine Rolle, ob vier oder sechs Millionen Juden ermordet wurden, denn mit dem Zivilisationsbruch des systematischen Massenmordes hatten die Verantwortlichen sämtliche moralischen Brücken hinter sich abgebrochen.

Die europäischen Juden, die Hauptopfer der nationalsozialistischen Vernichtungspolitik, saßen insofern tatsächlich in der Falle,[11] und nicht einmal die Publizität der an ihnen verübten Verbrechen im Reich wie auch auf internationalem Parkett konnte ihr Schicksal entscheidend beeinflussen. Als sich das Kriegsglück der Wehrmacht 1943 wendete, waren zudem die allermeisten Juden, die sich unter deutschem Zugriff befanden, bereits tot. Der eigentliche propagandistische Wettlauf um das Leben der Juden setzte erst ein, als das Reich immer mehr Länder seiner einstmaligen Verbündeten besetzte, insbesondere 1944 Ungarn. Wenn auch die alliierte Pressekampagne nur eine von vielen Maßnahmen zur Eindämmung der Verbrechen darstellte, so blieb ihr ein Erfolg dennoch nicht völlig versagt. Unter massivem alliierten Druck begann die ungarische Regierung zurückzuweichen. Auf die deutsche Führung konnten die Alliierten hingegen nicht mehr einwirken.

Teil I:

Vom antijüdischen Konsens zum schlechten Gewissen. Die deutsche Gesellschaft und die Judenverfolgung 1933–1945

von Frank Bajohr

Im Juni 1933 unterhielt sich der damals zwölfjährige Hamburger Schuljunge Rolf Jacobi mit Freunden über einen Boxkampf, der kurz zuvor zwischen dem amerikanischen Boxer Max Baer und dem Deutschen Max Schmeling in New York stattgefunden hatte. In der zehnten Runde hatte Baer – mit einem Davidstern auf seinen Boxershorts – Schmeling nach überlegenem Kampf besiegt. Baers Aufzug war eine bewusste politische Demonstration gewesen, mit der er gegen die beginnende Judenverfolgung in Deutschland nach der nationalsozialistischen Machtübernahme protestierte. Als nun die nichtjüdischen Spielkameraden Rolf Jacobi nach seiner Meinung über den Boxkampf fragten, reagierte er verlegen. Rückblickend erinnerte er sich: «Die hatten die Köpfe so hängen lassen, dass der Schmeling diesen Kampf verloren hatte. […] Ich war Jude, ich war darüber nicht so traurig wie sie. Denn damals war ja schon Nazideutschland. Vorher ist [es] was anderes gewesen, aber da habe ich schon aufgehört langsam, mich so deutsch zu fühlen wie vorher. […] Ich hab gesagt, ich hab überhaupt keine Meinung. Das einzige, was ich mir denk, wenn der Max Baer diesen Kampf gewonnen hat, [dann] weil er wahrscheinlich in diesem Moment besser geboxt hat als Schmeling. Meistens gewinnt der Bessere. […] Drei Tage später haben sie mich überfallen. Da kamen sie auf mich vorgeschossen und haben auf mich eingeschlagen. Man kann sich schon wehren, Schläge wiedergeben. Aber fünf zu eins ist kein gutes Verhältnis. […] Es ist mir kein ernster Schaden, mehr eine seelische als [eine] andere Sache gewesen.»[1]

In der jeweiligen Identifikation mit Baer oder Schmeling spiegelten sich die Trennungslinien zwischen der sich formierenden «Volksgemeinschaft» und den zu Außenseitern werdenden Juden wider – eine Differenz, die kurze Zeit später mit Schlägen gewaltsam markiert wurde. Wie die Erinnerungen Rolf Jacobis zeigen, waren diese Trennungslinien selbst für Kinder und Jugendliche schon 1933 schmerzhaft sichtbar geworden. Aus Nachbarn oder Spielkameraden wurden jetzt Juden und Außenseiter, an denen man seine Frustrationen gefahrlos abreagieren konnte.

Die kleine Hamburger Episode demonstriert anschaulich, dass die schleichende Ausgrenzung und Entrechtung der Juden nach der nationalsozialistischen Machtübernahme 1933, ihre Isolation und schließlich ihre Deportation und Ermordung nicht nur ein politischer Prozess war, exekutiert durch Institutionen des Staates und der NSDAP. Sie war auch ein sozialer Prozess, an dem sich die deutsche Gesellschaft in vielfältiger Weise beteiligte.[2] Das enge Zusammenwirken von nationalsozialistischer Diktatur und deutscher Gesellschaft verlieh der Judenverfolgung nach 1933 ihre spezifische Dynamik, und das gesellschaftliche Verhalten gegenüber den Juden nach 1933 wurde durch diesen Interaktionsprozess wesentlich bestimmt.

Wenn wir daher gesellschaftliches Verhalten in den Blick nehmen wollen, reicht eine Analyse der nationalsozialistischen «Judenpolitik» nicht aus, die im methodischen Zugriff vor allem der deutschen Historiker auf die Judenverfolgung immer noch dominiert.[3] Eine Analyse der NS-Judenpolitik führt die Judenverfolgung in erster Linie zurück auf legislativ-administrative Maßnahmen des NS-Staates, politische Aktionen der NSDAP und politische Grundsatzentscheidungen der Staats- und Parteispitzen, vermag jedoch die gesellschaftliche Beteiligung allenfalls schemenhaft zu erfassen. Wenn vor allem in älteren Darstellungen der Judenverfolgung häufig von einer «indifferenten» bzw. «gleichgültigen» deutschen Gesellschaft die Rede ist, dann auch deshalb, weil das Verhalten dieser Gesellschaft von manchen Autoren gar nicht erst analysiert wurde.

Ebensowenig vermag jedoch ein umgekehrtes Vorgehen zu befriedigen, das die Judenverfolgung einer genozidalen, auf den Massenmord drängenden deutschen Gesellschaft zuschreibt, das NS-Herrschaftssystem und die antijüdische Politik jedoch weitgehend ignoriert, wie dies am radikalsten Daniel Jonah Goldhagen mit der These vom «eliminatorischen Antisemitismus» der deutschen Gesellschaft praktiziert hat.[4] Der diktatoriale Zusammenhang gesellschaftlichen Handelns im «Dritten Reich» wird hier weitgehend ausgeblendet; im Gegenteil erscheint der Nationalsozialismus als eine demokratisierende Kraft, die den lange gehegten antijüdischen Einstellungen der deutschen Bevölkerung zum angemessenen Ausdruck und Durchbruch verholfen habe.

Zweifellos handelte es sich bei der deutschen Gesellschaft im «Dritten Reich» nicht um eine offene Gesellschaft mit einer autonomen Öffentlichkeit, die es in der NS-Diktatur nicht gab. Gleichzeitig war die NS-Herrschaft keine bloße Diktatur von oben nach unten, die sich ausschließlich auf Zwang und Terror stützte und die Gesellschaft zu strikter Passivität verurteilte. Vielmehr war das «Dritte Reich» eine Zustimmungsdiktatur[5], die auf die «Volksmeinung» durchaus Rücksicht nahm und sich nach 1933 auf eine wachsende Konsensbereitschaft der Gesellschaft stützte. Diese brachte dem Nationalsozialismus und dem «Führer» wegen dessen außenpolitischer, wirtschaftspolitischer und militärischer «Erfolge» immer mehr Zustimmung entgegen, die um 1940 ihren Höhepunkt erreichte. Der Begriff der «Zustimmungsdiktatur» zielt auf zwei Ebenen, die bei der Verfolgung der Juden in charakteristischer Weise zusammenwirkten: eine staatliche Verfolgungspolitik einerseits, der im Hintergrund zahlreiche Möglichkeiten des Zwanges und der Repression zur Verfügung standen, eine deutsche Gesellschaft andererseits, die aktiv am Verfolgungsprozess beteiligt war und ihre Interessen in diesen Prozess einbrachte.

Das Zusammenwirken von Staat und Gesellschaft lässt sich am besten mit einem Konzept erfassen, das Herrschaft als «soziale Praxis» definiert, wie dies etwa Alf Lüdtke für die Analyse der NS-Herrschaft schon 1991 vorgeschlagen hat.[6] Ein solches Konzept geht nicht von einer eindeutigen, scharfen Trennung von Herrschern und Beherrschten, von Befehlsgebern und Befehlsempfängern aus, sondern definiert Herrschaft als ein eher amorphes Kräftefeld, in dem die Akteure in vielfältiger Weise miteinander in Beziehung stehen. Herrschaft als soziale Praxis fragt nicht nach einer eindeutigen, eher passiv-abstrakten *Haltung* einer Gesellschaft gegenüber herrschenden Machthabern, sondern nimmt die vielfältigen *Handlungs- und Verhaltensformen* in einer Gesellschaft in den Blick. Dabei wird ein Tableau sichtbar, dass von begeisterter Zustimmung, Mitmachen, und Ausnutzen über Anpassung und Hinnehmen bis zur Distanz und Widersetzlichkeit reicht, wobei Mischformen des Verhaltens eher die Regel als die Ausnahme darstellen: So schließt Zwang den Konsens und das selbstbestimmte Wahrnehmen der eigenen Interessen nicht aus. Umgekehrt kann Kooperation auch mit Reibung und Differenz einhergehen. Überdies kann sich je nach Zeitsituation derselbe gesellschaftliche Akteur in ähnlichen Situationen höchst unterschiedlich verhalten.

Das Konzept Herrschaft als soziale Praxis wirft allerdings insofern ein Problem auf, als es vor allem für die mikrohistorische Analyse unter alltagsgeschichtlichen Vorzeichen entwickelt wurde. Wenn wir jedoch die Beteiligung der deutschen Gesellschaft an der Judenverfolgung und damit an einem Massenverbrechen analysieren, dann führt uns die Nahoptik auf die vielfältigen Formen von Mit-Machen, Hinnehmen, Differenz, Akzeptanz und Distanz bisweilen auf ein Terrain, auf dem alle Katzen grau sind und Fragen der Verantwortung tendenziell verschwimmen. Wer nur unter Zögern, mit Skrupeln oder schlechtem Gewissen an der Judenverfolgung mitwirkte, nahm gleichwohl an ihr teil und änderte nichts am Schicksal der betroffenen Juden. Wir kommen daher als Historiker nicht umhin, die Vielfalt von Verhaltensformen in ihrer Bedeutung zu gewichten, sie wieder zu ent-differenzieren und auf einer abstrakteren Ebene jene Determinanten herauszuarbeiten, die für gesellschaftliches Verhalten entscheidend waren, das einerseits in gesellschaftlichen Einstellungen gegenüber Juden wurzelte, andererseits durch die strukturellen Verhaltensbedingungen unter der NS-Diktatur maßgeblich bestimmt wurde. Zudem wandelten sich Einstellung wie Verhalten im Verlauf der NS-Herrschaft beträchtlich, die in den Anfangsjahren schrittweise einen weitgehenden antijüdischen Konsens zwischen Regimeführung und Bevölkerung hervorbrachte, der um 1938/39 seinen Höhepunkt erreichte, jedoch im Krieg an seine Grenzen stieß und sich vor allem in den Kriegsjahren schleichend verflüchtigte.

Für gesellschaftliches Verhalten im Prozess der Judenverfolgung nach 1933 kristallisierten sich vor allem vier Determinanten als handlungsleitend heraus: Erstens wurde gesellschaftliches Verhalten grundlegend durch das Ausmaß an Judenfeindschaft und Antisemitismus bestimmt, das bereits vor 1933 in der deutschen Gesellschaft ausgeprägt war und sich unter dem Einfluss der NS-Propaganda nach 1933 weiter verstärkte; zweitens passten sich die Deutschen bei der Wahrnehmung ihrer Interessen zunehmend den vom Regime propagierten Normen und Verhaltenserwartungen an; drittens aktivierte das NS-Regime durch die Verfolgung der Juden gesellschaftliche Interessen und gab einem wachsenden Personenkreis die günstige Gelegenheit, eigene Interessen in diesem Verfolgungsprozess zum persönlichen Vorteil zu verwirklichen; viertens hing gesellschaftliches Verhalten gegenüber den Juden von der generellen Einstellung zum NS-Regime ab: dessen schnelle Erfolge und vor allem die wachsende Popularität Hitlers beeinflussten auch das Verhalten der Bevölkerung gegenüber Juden, während Misserfolge und Niederlagen – vor allem ab 1943 – ebenfalls ihre Wirkungen zeitigten. Diese vier Determinanten sollen im folgenden anhand zahlreicher Beispiele näher herausgearbeitet und in ihrer Bedeutung gewichtet werden. Dabei stütze ich mich nicht primär auf die zahlreichen internen Lageberichte des Regimes[7], sondern beziehe die Perspektive und die Erfahrungen der betroffenen Juden in die Analyse ein, in deren Erinnerungsberichten sich soziale Ausgrenzung und Isolation sehr viel plastischer und unmittelbarer widerspiegeln.[8]

Um 1938/39 mündete das Zusammenspiel der vier Determinanten in einen antijüdischen Konsens, dessen Reichweite und Grenzen anhand der Reaktionen und Einstellungsmuster nach dem Novemberpogrom 1938 und dem Beginn der massenhaften Deportationen aus dem «Altreich» näher ausgelotet werden sollen. Ein wesentliches Augenmerk gilt freilich dem Zeitraum von 1942–1945, der Kenntnis und den Reaktionen der nichtjüdischen Deutschen auf den Holocaust sowie der schleichenden Erosion des antijüdischen Konsenses nach der Kriegswende 1943. Diese löste Bestrafungserwartungen und Vergeltungsängste aus und aktivierte ein latent schlechtes Gewissen, das sich freilich nicht in offener Scham, sondern in Aufrechnungsstrategien äußerte, die auch den gesellschaftlichen Umgang mit der Judenverfolgung nach 1945 anfänglich bestimmten.

I. Judenverfolgung nach 1933: Vier Faktoren gesellschaftlichen Verhaltens

Judenfeindschaft und Antisemitismus

Für das Verhalten der nichtjüdischen Deutschen gegenüber der Judenverfolgung spielte der Antisemitismus in Deutschland eine wesentliche Rolle. Freilich macht es wenig Sinn, ihn in erster Linie als Kontinuitätsphänomen zu begreifen und dabei spezifischen Brüchen und Wendemarken der Radikalisierung nicht genügend Aufmerksamkeit zu schenken. Der Erste Weltkrieg markierte in der Entwicklung des Antisemitismus in Deutschland eine Zäsur. Bis dahin hatte er in der politischen Kultur wie im gesellschaftlichen Alltag kein Ausmaß angenommen, das sich vom Antisemitismus in den Ländern Westeuropas substantiell unterschied. Überdies erreichte er vor 1914 zu keinem Zeitpunkt ein Gewaltniveau, wie es für den Pogromantisemitismus in Osteuropa typisch war. In der Zeit der Weimarer Republik änderte sich dies grundlegend. Zwar hatte die Weimarer Verfassung den Juden in Deutschland zum ersten Mal die volle staatsbürgerliche Gleichstellung beschert, doch wurde der Lebensalltag von Juden in Deutschland nach 1918 nicht nur durch neu gewonnene Freiheiten, sondern auch und vor allem durch antisemitische Agitation, Gewalt und Diskriminierung bestimmt, die sich nach 1918 rapide ausbreiteten.[9]

Bereits im Ersten Weltkrieg hatte die antijüdische Propaganda unter dem Einfluss des Nationalismus an Boden gewonnen. Die wachsende Judenfeindschaft spiegelte die 1916 im preußischen Heer angeordnete «Judenzählung» wider, mit der das Kriegsministerium vorgab, auf Klagen aus der Bevölkerung über die «Drückebergerei» jüdischer Wehrpflichtiger zu reagieren, um angeblich Material zur Widerlegung antisemitischer Angriffe zu sammeln. In Wirklichkeit heizte die «Judenzählung», die seitens der deutschen Juden zu Recht als «statistische Ungeheuerlichkeit» bezeichnet wurde, den Antisemitismus massiv an.[10]

Nach der Niederlage des Deutschen Reiches im Ersten Weltkrieg verknüpfte sich die Judenfeindschaft mit dem Hass auf die Revolution 1918/19 und die neu gegründete Republik, deren Repräsentanten als «Novemberverbrecher» diffamiert und für die Annahme des

Friedensvertrages von Versailles verantwortlich gemacht wurden. Verschwörungstheorien gingen um, die Juden zum Sündenbock für die Kriegsniederlage und die chaotische Nachkriegssituation stempelten. Der Antisemitismus wurde zum Kitt einer rechtsradikalen Subkultur völkischer Verbände, Freikorps und paramilitärischer Bünde, die es in dieser Form bislang nicht gegeben hatte. Allein der 1919 gegründete «Deutschvölkische Schutz- und Trutz-Bund» organisierte mit seiner maßlosen antisemitischen Agition binnen kürzester Zeit mehr als 200 000 Mitglieder.[11] Selbst auf der Ebene kommunaler Politik schlug sich die antisemitische Welle im Übergang vom Kaiserreich zur Weimarer Republik deutlich nieder.[12]

Der organisatorische Aufschwung und die ideologische Radikalisierung des Antisemitismus kamen besonders in antijüdischen Gewaltaktionen zum Ausdruck, die im Kaiserreich vor 1914 allenfalls sporadisch aufgeflammt waren,[13] sich nun jedoch zur Massenerscheinung entwickelten. Die Ermordung des jüdischen Außenministers Walther Rathenau 1922 markierte den traurigen Höhepunkt einer Gewaltwelle mit Hunderten politischer Morde, die sich keineswegs allein gegen Juden richteten, aber doch eine Reihe prominenter jüdischer Opfer wie Rosa Luxemburg oder Kurt Eisner forderten. An bestimmten Orten mussten tendenziell alle Juden ungeachtet ihrer Prominenz mit gewalttätigen Übergriffen rechnen: «Seit 1920/21 konnte kein Jude in München mehr ausschließen, Opfer von rechtsextremer Straßengewalt zu werden.»[14] In manchen Seebädern tummelte sich ein Mob aus Marinesoldaten und rechtsradikalen Gästen, der antisemitische Kundgebungen veranstaltete, mit Rufen wie «Juden raus» die Promenaden unsicher machte und drohte, «die jüdischen Badegäste zu erschlagen».[15] In Berlin, Breslau und anderen Orten fanden 1923 regelrechte Pogrome osteuropäischen Zuschnitts statt, bei denen Juden getötet und zahlreiche Geschäfte demoliert und geplündert wurden.[16] Die antijüdische Gewalt konzentrierte sich entgegen früherer Annahmen in der historischen Forschung nicht allein auf die Anfangs- und Endjahre der Weimarer Republik, sondern war auch Mitte der zwanziger Jahre weit verbreitet. Von 1923 bis 1932 wurden im Deutschen Reich 189 jüdische Friedhöfe und Synagogen von zumeist jüngeren, rechtsradikalen Tätern geschändet – durchschnittlich war also alle zwei bis drei Wochen eine Friedhofsschändung zu verzeichnen.[17]

Der Antisemitismus der zwanziger Jahre radikalisierte sich besonders in jenen Schichten der deutschen Bevölkerung, in dem er bereits vor 1914 deutlich sichtbar gewesen war. Neben kleinbürgerlichen Bevölkerungskreisen macht er sich exzessiv in den traditionellen Eliten wie dem Adel sowie unter Studenten und Akademikern bemerkbar, ließ jedoch auch das Wirtschaftsbürgertum nicht unberührt. Im Jahre 1920 nahm die größte Organisation des deutschen Adels, die Deutsche Adelsgenossenschaft, den «Arierparagraphen» in ihre Satzung auf[18] und wurde damit zum Wegbereiter einer antisemitisch motivierten «Säuberungswelle», die fast alle Verbände der nationalen Rechten, aber auch scheinbar unpolitische Vereine wie den «Deutsch-Österreichischen Alpenverein» erfasste, der mit dem Ausschluss jüdischer Bergsteiger und Touristen eine «Arisierung» der Alpen betrieb.[19] Auch in zahlreichen Kurorten und Seebädern, die Domänen der traditionellen Eliten wie des bürgerlichen Mittelstandes darstellten, waren jüdische Gäste vielfach nicht willkommen. Im Jahre 1914 hatte die deutsch-jüdische Presse noch 83 antisemitische Hotels und Pensionen in ihren «Warnlisten» aufgeführt. Im Jahre 1931 war diese Zahl auf 360 gestiegen, in der sich ein allgemeiner Trend zur Ausgrenzung von Juden und zur touristischen Apartheid widerspiegelte.[20]

Einen «Arierparagraphen» hatte es in vielen Studentenverbindungen bereits vor 1914 gegeben,[21] doch was sich nach dem Ersten Weltkrieg in der «Deutschen Studentenschaft» (DSt) ereignete, der staatlich anerkannten Vertretung von über 110 000 Studenten, markierte in seiner antisemitischen Qualität ein Novum: 1922 akzeptierte die Deutsche Studentenschaft ausdrücklich die rassistisch-antisemitische Mitgliedsformel der «deutsch-arischen» Studentenausschüsse Österreichs und des Sudetenlandes, die ebenfalls der DSt angehörten.[22] Damit hob eine staatlich anerkannte Vertretungskörperschaft offen das Prinzip der staatsbürgerlichen Gleichheit auf. Als der preußische Kultusminister Becker der Deutschen Studentenschaft nach jahrelangem Streit mit dem Entzug der staatlichen Anerkennung und damit auch der Finanzierung drohte und 1926 unter den Studenten Preußens eine Urabstimmung über die Streichung oder Beibehaltung der rassistisch-antisemitischen Mitgliedsformel ansetzte, sprachen sich 77 % der Studenten für letztere aus: ein deutliches Indiz für die weite Verbreitung rassebiologisch-antisemitischer Vorstellungen unter Studenten und Akademikern, die in den zwanziger Jahren das Klima an höheren Schulen und Universitäten prägten.

Auch die deutsch-jüdische Wirtschaftselite blieb von den Auswirkungen des Antisemitismus nicht verschont. Schon vor 1933 zogen sich Vertreter des jüdischen Wirtschaftsbürgertums aus Vorständen und Aufsichtsräten mancher Aktiengesellschaften zurück und nahmen damit eine Entwicklung vorweg, die sich nach 1933 unter dem Druck der «Arisierung» massiv beschleunigte.[23]

Ein solcher Rückzug war für den gesellschaftlichen Alltag deutscher Juden vor 1933 symptomatisch. Auf die allgemeine Erfahrung des Antisemitismus reagierten viele mit einem Rückzugs- und Vermeidungsverhalten. Als Individuen verhielten sie sich im öffentlichen Raum unauffällig, gingen möglichen Schwierigkeiten aus dem Wege, nutzten die verbliebenen Möglichkeiten und pflegten Geselligkeit verstärkt in innerjüdischen Kreisen, während öffentlich vor allem Interessenorganisationen wie der «Centralverein deutscher Staatsbürger jüdischen Glaubens» mit allen Mitteln gegen die wachsende Diskriminierung von Juden und den Vormarsch des Antisemitismus ankämpften.[24] Der Habitus deutscher Juden in der Weimarer Republik zeichnete sich vor allem durch «Zurückhaltung» aus.[25] Darin manifestierte sich eine wachsende gesellschaftliche Isolation unter dem Einfluss des Antisemitismus, an den die nationalsozialistischen Machthaber nach 1933 anknüpfen konnten.

Das Verhalten der deutschen Gesellschaft im Prozess der Judenverfolgung nach 1933 wäre ohne den Antisemitismus zuvor nicht erklärbar, der vor allem nach dem Ersten Weltkrieg die gesellschaftliche Ausgrenzung von Juden vorantrieb und dafür sorgte, dass sich die gesellschaftlichen Kontakte zwischen Juden und Nichtjuden in Deutschland immer stärker reduzierten. Dies förderte eine Grundhaltung gegenüber der jüdischen Minderheit, ohne die deren rasche Ausgrenzung nach 1933 nicht möglich gewesen wäre: die weit verbreitete Auffassung nämlich, dass es sich bei Juden nicht um «Deutsche» jüdischen Glaubens handelte, sondern um «Fremde», ja «Andersartige», die nicht wirklich dazugehörten.

Gleichwohl reicht der Verweis auf den Antisemitismus nicht aus, will man gesellschaftliches Verhalten und die Entwicklung nach 1933 hinreichend erklären. Trotz aller Radikalisierung nach 1918 blieb der

Antisemitismus unter den Bedingungen der Weimarer Republik politisch bemerkenswert impotent. Die Umsetzung einer dezidiert antisemitischen Politik scheiterte vor 1933 sowohl auf der kommunalen Ebene als auch im Reich und in den Ländern bereits im Ansatz. Obwohl beispielsweise viele deutsche Universitäten ein Hort des Antisemitismus waren, beschränkten sie die Zugangsmöglichkeiten für jüdische Studenten nicht durch einen Numerus Clausus, während ein solcher in mehreren Ländern Mittel- und Osteuropas nach dem Ersten Weltkrieg eingeführt worden war (Ungarn 1920, Rumänien 1922). Auch im Hinblick auf den gesellschaftlichen Antisemitismus und seine Auswirkungen auf den Alltag verlief die Entwicklung in Deutschland keineswegs exzeptionell. So war die gesellschaftliche Ausgrenzung von Juden in den USA noch nach dem Zweiten Weltkrieg quantitativ weiter verbreitet als in Deutschland vor 1933. Einer Untersuchung der Anti-Defamation League zufolge nahmen 1956/57 fast 30 % der amerikanischen Hotels keine jüdischen Gäste auf.[26] Auch bestimmte Wohngegenden, Country Clubs, Schulen, Colleges und Universitäten waren für Juden nicht oder nur teilweise zugänglich. Gerade der Vergleich mit den USA,[27] wo der politische Antisemitismus ungeachtet der Ausgrenzungstendenzen im Alltag stets außerordentlich schwach blieb, zeigt die Besonderheiten des deutschen Antisemitismus, die weniger in seiner gesellschaftlichen Quantität als vielmehr in seiner radikalen ideologischen Qualität lagen. Diese radikale ideologische Qualität schlug sich in den zwanziger Jahren in einer Gewaltbereitschaft nieder, die in dieser Form allenfalls in manchen Ländern Osteuropas zu finden war, für die es jedoch weder in Westeuropa noch in den USA ein Pendant gab. Die spezifisch deutsche Verquickung von Ideologie und Gewalt radikalisierte sich nach 1933 weiter und prägte den gesellschaftlichen Alltag nach 1933 zentral. Gewalt wurde zu einem der entscheidenden Mittel, mit dem die Grenzen und die Zugehörigkeit zur nationalsozialistischen «Volksgemeinschaft» für alle sichtbar markiert wurden.[28]

Interessenanpassung in der NS-Diktatur

Bereits unmittelbar nach der Machtübernahme im Frühjahr 1933 ließen die Nationalsozialisten keinen Zweifel über die Stellung aufkommen, die sie Juden in einem nationalsozialistischen Deutschland zugedacht hatten. Der reichsweit angeordnete Boykott jüdischer Geschäfte am 1. April 1933, das «Gesetz zur Wiederherstellung des Berufsbeamtentums» vom 7. April 1933 und die Fülle von Aktionen und gewalttätigen Übergriffen von NSDAP-Parteiformationen markierten Juden für alle sichtbar als Verfolgungsobjekt, während die neuen Gesetze Juden zu Personen minderen Rechts stempelten und aus der «Volksgemeinschaft» ausgrenzten. Gesetze und antijüdische Aktionen machten deutlich, dass der Antisemitismus im neuen «Dritten Reich» eine Staatsideologie geworden und die traditionelle Schutzfunktion des Staates vor antisemitischen Übergriffen für die betroffenen Juden in ihr Gegenteil verkehrt worden war.

Fast überall machten Juden jedoch die schockierende Erfahrung, dass ihre Isolation und Verdrängung aus dem gesellschaftlichen Alltag weiter ging als die gesetzlich verfügten Ausgrenzungsbestimmungen. Trotz einer Vielzahl von Rechtsverordnungen[29] war die Judenverfolgung per Gesetz nur eine von vielen Verfolgungstechniken, die das NS-Regime praktizierte. Das Schema Gesetz – Anordnung – Vollzug war sogar für die Praxis der Judenverfolgung eher untypisch, die oft nicht von oben nach unten, sondern von unten nach oben verlief.

So schufen antijüdische Aktionen – häufig von der NSDAP und ihren Gliederungen durchgeführt – einen informellen Rechtszustand, der eine gesetzliche Regelung bisweilen überflüssig machte oder dieser weit vorauseilte. Dies musste – um eines von tausenden Beispielen anzuführen – der jüdische Hotelbesitzer Julius Hoffmann erfahren, der auf der Nordseeinsel Norderney ein renommiertes, rituell geführtes Hotel für jüdische Gäste betrieb.[30] Im Juni 1933 bezeichnete die NSDAP sowie die neue nationalsozialistische Kurverwaltung jüdische Gäste als unerwünscht und drohte, sie gegebenenfalls polizeilich von der Insel zu verweisen. Dies stand zwar in klarem Widerspruch zur geltenden Rechtslage, die einen solchen Schritt gar nicht erlaubte. Selbst das Reichswirtschaftsministerium hielt diesen Schritt für illegal und wies auf das auch für Juden geltende Freizügigkeitsrecht hin, doch gebot niemand der örtlichen NSDAP und der Kurverwaltung Einhalt. Als Hoffmann, dessen Hotelbetrieb durch die Aktion ruiniert war, die Kurverwaltung auf Schadenersatz verklagte, gab das zuständige Landgericht der Klage des jüdischen Hoteliers nicht etwa statt, wie es nach der geltenden Rechtslage zwingend erforderlich gewesen wäre, sondern wies die Klage mit der

Begründung ab, dass das Vorgehen der Kurverwaltung «nach der jetzt herrschenden nationalsozialistischen Anschauung» und dem «herrschenden Volksbewusstsein» nicht gegen die guten Sitten verstoße. Dieser doppelte Rechtsbruch durch die Kurverwaltung einerseits und das Landgericht andererseits demonstrierte nachdrücklich, wie sehr antijüdische Aktionen nach 1933 an die Stelle des Rechts getreten waren und einen von Gerichten eilfertig tolerierten informellen Rechtszustand schufen, der Juden mehr und mehr zum vogelfreien Verfolgungsobjekt machte.

Als viel bedeutender für die Ausgrenzung der Juden erwies sich jedoch, dass viele nichtjüdische Deutsche nach 1933 die offizielle Stigmatisierung der Juden in ihr Handlungskalkül einbezogen und sich bei der Verfolgung ihrer persönlichen Interessen daran orientierten. Vor allem jene Personen, die in einem relativen Abhängigkeitsverhältnis zum nationalsozialistischen Staat standen, hielten sich von Juden fern, um eigene Interessen zu wahren und möglichen Schwierigkeiten schon im Vorhinein aus dem Wege zu gehen. Sich mit jüdischen Bekannten in der Öffentlichkeit zu zeigen, ja als «Judenfreund» zu gelten, war nach 1933 nicht mehr opportun. Dies galt besonders für Beamte und Angestellte des öffentlichen Dienstes, aber auch für Unternehmer, die von staatlichen Aufträgen lebten. In einem Staat, der die Ökonomie mehr und mehr politisch überformte und als totalitärer Versorgungsstaat zahlreiche soziale Leistungen gewährte, die vom Ehestandsdarlehen bis zur Winterhilfe reichten, partizipierte jedoch tendenziell die gesamte Gesellschaft an staatlichen Leistungen. Deren Bezug machte der NS-Staat häufig von einer «politischen Beurteilung» abhängig, die zumeist auf Informationen aus den «Hauskarteien» der NSDAP-Blockleiter beruhte.[31] Darin hatten die Blockleiter zahlreiche relevante Informationen über Familien und Einzelpersonen festgehalten: Hatte die Person an Feiertagen regelmäßig mit der Hakenkreuzfahne geflaggt? Welchen NS-Organisationen gehörte sie an? Spendete sie regelmäßig für das Winterhilfswerk, und wieviel? Waren die Kinder Mitglied der Hitlerjugend? Und vor allem: War die Person politisch unliebsam aufgefallen, beispielsweise durch engen Kontakt zu Juden? Unter diesen Bedingungen wachsender sozialer Kontrolle brachen viele prospektiv den sozialen Kontakt mit Juden ab, obwohl sie überhaupt keine entsprechende Anweisung erhalten hatten.

Selbst enge persönliche Freundschaften zerbrachen, wenn sie aus Sicht von Nichtjuden deren Interessen beeinträchtigten und Juden im Gegenzug den Kontakt beendeten, um die Belastbarkeit der Freundschaft nicht auf die Probe zu stellen und sich damit mögliche Enttäuschungen zu ersparen.

Daraus entstand ein Teufelskreis aus tatsächlicher und imaginärer Einschüchterung, aus Isolierung und Selbstisolation. Besonders eindrücklich hat ihn Ernst Loewenberg beschrieben, der als Studienrat an der reformpädagogisch orientierten Lichtwarkschule in Hamburg unterrichtete und 1934 als Jude zwangspensioniert wurde. In seinen Lebenserinnerungen vermerkte er:

«Das Schulhaus habe ich nicht wieder betreten. Von den Kollegen nur wenige wiedergesehen. Ich vermied jeden Kontakt mit ihnen, wusste ich doch, wie beobachtet sie waren – wie sehr sie jegliches Sprechen mit mir in Gefahr bringen würde. Und ich kannte ihre Angst. So ging ich, wenn ich einen auf der Straße sah, wenn irgend möglich, auf die andere Seite, um ihm den Konflikt zu nehmen, mich nicht anzureden oder zu grüßen – oder der Gefahr, mit einem Juden zu sprechen auszusetzen.

Wie war es denn – E. ist Lehrer an einer Volksschule – Er ist Obmann des N.S.L.B. (Nationalsozialistischer Lehrerbund, d. Verf.) und so erhält er eines Tages einen Brief: ‹Ich teile Ihnen hierdurch mit, dass der Lehrer E. gestern Nachmittag zwischen 6.15 und 6.30 den Besuch des jüdischen Arztes Dr. Cohn empfangen hat. Ich ersuche diese Mitteilung über das Verhalten eines deutschen Lehrers an die zuständige Parteistelle weiterzugeben.› Nur die Tatsache, dass E. als Obmann seine Anklage gegen ihn selbst durch eine unmittelbare Besprechung mit der zuständigen Instanz aufklären kann, rettet ihn vor einer Entlassung. C[ohn] hatte einige Bücher zurückgebracht, die er noch gehabt hatte.

Ein anderer Kollege wechselte die Wohnung, zog in ein anderes Viertel, weil wiederholt Anzeigen gegen ihn ergingen – seine Hakenkreuzfahne sei zu klein – oder er habe sie eine Stunde zu früh eingezogen – oder (da er verreist war) überhaupt nicht geflaggt.

Einige Monate nach unserer Entlassung lud unsere Kollegin E. die früheren Kollegen – die entlassenen und noch sich im Amt befindlichen – zu einem Nachmittags-Kaffee ein (Sept. 34). Dieser Nachmittags-Kaffee – eine völlig harmlose Plauderei – brach der armen E. das Genick. Man mochte sie nicht, weil man ihre freie Art kannte, aber sie war eine hervorragende Lehrerin, der man auch nicht das Geringste vorhalten konnte. Herr Zindler (der Direktor der Lichtwarkschule, der Verf.) verlangte von den amtierenden Kollegen Berichte, die über die Partei an die Behörde gingen. Also wurde E. pensioniert.

Dieses Ereignis hatte natürlich noch größere Vorsicht zur Folge. Es war im Winter 1934/35. Ich kam auf einem Spaziergang an der Wohnung von St. vorbei – wir standen freundschaftlich – an ihrer Haltung zu den Ereignissen konnte kein Zweifel sein. Soll ich hineingehen? Darf ich es riskieren? – Ich zögere – und tue es dann doch. Sie und M. freuen sich – sie sind herzlich – ‹Ich wollte schon lange zu Ihnen herauf kommen und habe es dann doch nicht getan – aber bestimmt rufe ich Sie sehr bald an, um sie alle wiederzusehen.› – Ich habe sie nie wiedergesehen.»[32]

Im Angestellten- und Beamtenmilieu des Ernst Loewenberg vollzog sich die gesellschaftliche Isolierung der Juden besonders schnell, auch dann, wenn wie an der Lichtwarkschule eine Mehrheit des Lehrkörpers liberal-demokratisch orientiert gewesen war. Auch wenn Beschäftigte des öffentlichen Dienstes in besonderer Weise zur Vorsicht und Anpassung neigten, zeigten sich Parallelen auch bei Selbständigen und Unternehmern, die unmittelbaren Pressionen weitaus weniger ausgesetzt waren. «Verkehr mit Juden war unratsam», berichtete der Bankier Max Warburg, der in den zwanziger Jahren zu den bedeutendsten jüdischen Unternehmern in Deutschland und den «Stützen der Gesellschaft» gezählt hatte, in seinen Erinnerungen:

«Die nationalsozialistische Partei ließ in Hamburg zu wiederholten Malen Photographien von mir aufnehmen, um festzustellen, wer mit mir Umgang hatte. Auf einem gut geratenen Bild war z. B. zu sehen, daß Bankdirektor Hübbe von der Dresdner Bank und ich uns vor der Börse unterhielten. Darüber großes Erschrecken des nicht sehr mutigen Hübbe, der sich von da an nicht mehr mit mir sehen ließ. [...] Freunde, die mit mir gingen oder mich nur grüßten, erhielten ‹Warnungen›. In früheren Zeiten, sobald ich an der Börse erschienen war, kamen viele auf mich zu; jetzt wurde ich immer mehr gemieden. [...] Viele Bekannte machten einen weiten Bogen, um nicht grüßen zu müssen. Einige wenige Freunde luden uns noch ein, doch wir konnten uns nicht verhehlen, daß diese Gesellschaften mit äußerster Vorsicht zusammengestellt waren. Wir fühlten uns in zunehmendem Maße isoliert. Meine Empfindungen dabei lassen sich nicht leicht beschreiben. Jedenfalls bestanden sie nicht zuletzt in Scham und Trauer für die anderen.»[33]

Ob es tatsächlich die NSDAP war, die Warburg und seine Bekannten nach 1933 fotografieren ließ, muss offen bleiben. Jedenfalls ging die gesellschaftliche Ausgrenzung der Juden häufig nicht auf direkte Anordnungen oder Anweisungen zurück, sondern wurde durch ein Klima der Denunziation herbeigeführt, das gesellschaftliches Verhalten gegenüber Juden nachhaltig bestimmte. Dörfer, Landgemeinden und Kleinstädte, in denen jeder jeden kannte, begünstigten mit ihrer rigiden Sozialkontrolle die Denunziation, während die Anonymität von Großstädten ihre Wirksamkeit begrenzte. Deshalb vollzogen sich Isolierung und Verdrängung der Juden nach 1933 umgekehrt proportional zur Ortsgröße: je größer der Ort, desto langsamer. Dies zeigt ein Blick auf die «Arisierungsquote» jüdischer Geschäfte in diversen deutschen Städten: So waren in Hamburg (1,7 Millionen Einwohner) bis Anfang 1938 lediglich 20 % der jüdischen Geschäfte geschlossen oder «arisiert» worden, in Heidelberg (80 000 Einwohner) waren es hingegen 47 %, in Göttingen (50 000 Einwohner) 56 % und in Marburg (30 000 Einwohner) insgesamt 69 %, während jüdische Geschäfte auf dem Lande vielfach völlig verschwunden waren.[34] Wo die Gefahr der Denunziation geringer war – wie in den Großstädten – blieben nur bestimmte Bevölkerungsgruppen wie die Beamten jüdischen Geschäften fern, um ihre berufliche Stellung nicht zu gefährden. Andere hingegen folgten ihrem Interesse als Konsumenten, das jüdische Geschäfte mit ihren oft günstigen Preisen und den Möglichkeiten des Ratenkaufs zu befriedigen wussten. Bauern hielten die Geschäftsbeziehungen zu jüdischen Viehändlern vor allem deshalb aufrecht, weil diese mehr als den festgelegten Marktpreis bezahlten. Juden hatten nach 1933 nur dort eine Chance auf vorübergehende Selbstbehauptung, wo ihre Tätigkeit den gesellschaftlichen Interessen von Nichtjuden unmittelbar nützte. Wo dieser Nutzwert fehlte, gerieten sie schnell ins gesellschaftliche Abseits und wurden gemieden, weil der soziale Kontakt mit ihnen tendenziell Nachteile versprach und deshalb nicht opportun war. Schon die vage Möglichkeit negativer

Konsequenzen reichte in der Regel aus, damit die nichtjüdischen «Volksgenossen» die politische Stigmatisierung der Juden in ihr Handlungskalkül einbezogen und soziale Kontakte abbrachen, ohne dazu unmittelbar gezwungen worden zu sein.

Interessenaktivierung durch Judenverfolgung

Die Verfolgung der Juden und ihre politische Stigmatisierung in der NS-Dikatur nach 1933 führte nicht nur zu schlichter Verhaltensanpassung auf Seiten der Nichtjuden. Darüber hinaus brachten zahlreiche «Volksgenossen» ihre Interessen in den Verfolgungsprozess ein und beschleunigten diesen fundamental. Die Verfolgung der Juden aktivierte somit Interessen, die unter demokratisch-rechtsstaatlichen Vorzeichen gar nicht hätten befriedigt werden können.

Die schon erwähnten Denunziationen waren dafür ein prägnantes Beispiel, weil sie sich in der Regel mit sehr persönlichen Interessen und Motivationen verbanden und eher selten offenem Judenhass entsprangen oder ideologische Überzeugungstreue dokumentierten. Wichtiger war die Möglichkeit für den Denunzianten, daraus persönliches Kapital zu schlagen: Er konnte gegen missliebige Kollegen und Nachbarn vorgehen, mögliche Konkurrenten ausschalten und dadurch persönliche Vorteile erlangen oder schlichtweg Macht ausüben, die ihm die NS-Machtübernahme indirekt verliehen hatte: Vor 1933 wäre die Denunziation eines nachmittäglichen Kaffeekränzchens – um das von Ernst Loewenberg zitierte Beispiel aufzugreifen – auf den Denunzianten selbst zurückgefallen, mit völligem Unverständnis quittiert oder allenfalls lächelnd zu den Akten genommen worden. Nach 1933 hingegen setzten Denunziationen umfangreiche Untersuchungen mit weitreichenden Folgen in Gang, die nicht immer, aber doch häufig zur Zufriedenheit des Denunzianten ausfielen. Nach 1933 wurden die nationalsozialistischen Verfolgungsbehörden wie die Gestapo mit einer derartigen Flut von Denunziationen überschwemmt, dass sich diese wie ein «Mülleimer des Reiches» vorkamen und befürchteten, in eine Fülle banaler Streitereien und Nachbarschaftskonflikte hineingezogen zu werden.[35]

Die Stigmatisierung und Ausgrenzung der Juden nach 1933 aktivierte vor allem materielle Interessen der nichtjüdischen Deutschen. Auch wenn es sich bei dem Klischee des «reichen Juden» um ein antisemitisches Stereotyp handelte, so war doch nicht zu übersehen, dass die Mehrheit der deutschen Juden dem wohlsituierten Bürgertum angehörte und ein überdurchschnittliches Einkommen erzielte. Hätte es sich bei den deutschen Juden um eine verarmte gesellschaftliche Randgruppe gehandelt – wie bei den verfolgten Sinti und Roma – hätten sich nicht so viele Nichtjuden an ihrer wirtschaftlichen Verdrängung und gesellschaftlichen Ausgrenzung beteiligt.

Dies galt bereits für die vielfach von der NSDAP organisierten Boykottaktionen in den ersten Jahren der NS-Herrschaft. So berichtete der Regierungspräsident in Düsseldorf in einem Lagebericht für März/April 1935, dass viele Maßnahmen gegen jüdische Firmen «durch wirtschaftliche Interessen erheblich beeinflußt»[36] waren. In ähnlicher Weise vermerkte die Staatspolizeistelle Aachen, dass bei vielen Aktionen «weniger nationalsozialistische Gesinnung als vielmehr Konkurrenzneid die Hauptrolle gespielt»[37] habe. Gewalttätige Ausschreitungen gegen jüdische Unternehmen gingen häufig auf gezielte Denunziationen einzelner Konkurrenten oder öffentliche Stellungnahmen von Innungen und Wirtschaftsverbänden zurück.[38] Viele mittelständische Unternehmer nutzten nach 1933 die Gunst der politischen Stunde, um jüdische Konkurrenten gezielt zu denunzieren und im Kielwasser der «nationalen Erhebung» ihre Marktanteile zu vergrößern. So sah sich beispielsweise die Beiersdorf AG, die in der Herstellung kosmetisch-pharmazeutischer Produkte eine Marktführerstellung innehatte, 1933/34 einer monatelangen antisemitischen Propagandakampagne ihrer Konkurrenten ausgesetzt.[39] Firmen wie Queisser & Co (Hamburg), Mouson AG (Frankfurt am Main), Wolo GmbH (Freudenstadt) oder Lohmann AG (Fahr am Rhein), die mit der Beiersdorf AG auf dem Hautcreme-Markt konkurrierten, verbreiteten zehntausende gelber Klebezettel («Wer Nivea-Artikel kauft, unterstützt damit eine Judenfirma!»), nutzten Zeitungsinserate zur Schmähpropaganda («Keine jüdische Hautcreme mehr benutzen! Lovana-Creme ist mindestens gleich gut, ist billiger und rein deutsch»), forderten in Rundschreiben Apotheker und Drogisten auf, «anstelle jüdischer Präparate solche nationaler Herkunft zu empfehlen» und spannten darüber hinaus die völkisch-nationale Presse für ihre Kampagne ein. Auch andere Unternehmen wie die Dunlop AG oder die

Firmen Shell und Maggi hatten entsprechende Aktionen ihrer Konkurrenten zu überstehen,[40] die sich der Öffentlichkeit als «rein deutsche Unternehmen» mit «rein deutschen Erzeugnissen» präsentierten.

Noch sehr viel größer war die Zahl der Beteiligten bei der «Arisierung» und Liquidierung der rund 100 000 jüdischen Unternehmen, die sich zum größten Besitzwechsel der neueren deutschen Geschichte entwickelten: Rechtsanwälte, Makler, Treuhandgesellschaften und Banken betätigten sich als Vermittler von «Arisierungs»-Verträgen und kassierten entsprechende Vermittlungsprovisionen, wobei die «Arisierung» für die Banken auch durch die Kreditvergabe an «arische» Käufer lukrativ war.[41] Die Erwerber jüdischer Unternehmen zahlten seit 1935/36 keine marktüblichen Preise mehr. Inventar, Warenlager und Grundstücke wurden vielfach deutlich unterbewertet. Der eigentliche Firmenwert, der «Goodwill», der sich zusammensetzte aus der Marktposition, der Produktpalette, dem Kundenstamm, den Geschäftsbeziehungen, Absatzwegen und dem Ansehen einer Firma, galt grundsätzlich als nicht vergütungsfähig. Im Jahre 1938/39 wurden vor allem jüdische Einzelhandelsgeschäfte und Handwerksbetriebe nicht «arisiert», sondern im Interesse des gewerblichen Mittelstandes kurzerhand liquidiert, um den Konkurrenzdruck in einzelnen Branchen zu mindern. Über die Zwangsliquidierung entschieden «Arisierungskommissionen», der zahlreiche Vertreter der Wirtschaft und Unternehmer angehörten, die auf diese Weise auf das Schicksal ihrer jüdischen Konkurrenten Einfluss nehmen konnten. Erst die Aktivierung einer Vielzahl gesellschaftlicher Interessen vermag die Verdrängungsdynamik angemessen zu erklären, die Juden im Wirtschaftsleben zunehmend isolierte und zur Aufgabe zwang.

Neben materiellen wurden im Prozess der Judenverfolgung vielfach auch immaterielle Interessen aktiviert. Dazu gehörten nicht zuletzt institutionelle Interessen, bot doch das Feld der «Judenpolitik» zahlreichen Institutionen die Möglichkeit, sich zu profilieren und den eigenen Einfluss auf Kosten von Konkurrenten zu mehren. So avancierten die ansonsten wenig bedeutenden «Gauwirtschaftsberater» der NSDAP auf dem Gebiet der «Arisierung» zu einflussreichen Entscheidungsträgern;[42] die hart bedrängte traditionelle Bürokratie stellte in Gestalt der Finanzbürokratie bei der finanziellen Ausplün-

Versteigerung und Verkauf jüdischen Vermögens (vermutlich Region Hanau)

derung der Juden ihre Nützlichkeit unter Beweis;[43] die Sicherheitspolizei und der SD rissen mit radikalen, konzeptionellen Vorschlägen die Federführung in der «Judenpolitik» an sich.[44]

Was für die Institutionen insgesamt galt, traf umso mehr auf deren Bedienstete zu. Fast unbegrenzte Befugnisse einerseits und die weitgehende Entrechtung der Juden andererseits schufen einen Rahmen, innerhalb dessen zahlreiche Bedienstete ihre Machtbedürfnisse schrankenlos ausleben konnten. Dies war für viele an der Judenverfolgung beteiligte Funktionäre insofern von besonderem Reiz, als die betroffenen Juden vor 1933 meist einen höheren sozialen Status besessen hatten als die Funktionäre, von denen viele die Umkehrung der traditionellen Verhältnisse auskosteten und ihre eigene Machtstellung demonstrativ inszenierten: Da konnten unbedeutende kleine Finanzbeamte einstmals wohlhabende jüdische Bankiers schikanieren, da durften die in Gefängnissen und Konzentrationslagern tätigen jungen SS-Bewacher, die der Nationalsozialismus von der sozialen Peripherie ins Zentrum gespült hatte, jüdische Honoratioren mit Exerzierübungen quälen und als «Judenschweine» titulieren, da vermochten viele Funktionäre ihre dienstliche Stellung in der «Judenpolitik» mit der Befriedigung materieller und immaterieller Bedürfnisse zu verbinden.

Das weit verbreitete Bild des bürokratisch-distanzierten «Schreibtischtäters» oder das des ideologischen Überzeugungstäters hat die persönlichen Motive lange Zeit verdeckt, die viele – wenn auch nicht alle – Täter in die Verfolgungspraxis einbrachten.[45]

Die Rechtlosigkeit der Juden unter den Bedingungen nationalsozialistischer Herrschaft wurde der nichtjüdischen deutschen Gesellschaft schon bald nach 1933 deutlich vor Augen geführt und animierte einen Teil der Bevölkerung zu antijüdischem Verhalten, der fast nie mit der Judenverfolgung in Verbindung gebracht wird: Kinder und Jugendliche. Antisemitische Gewaltaktionen gingen nicht selten von fanatisierten Hitlerjungen aus.[46] Viele Juden, die in der NS-Zeit die Schule besuchten, berichten von tätlichen Übergriffen nichtjüdischer Kinder und Jugendlicher, die mit sicherem Instinkt für die Wehrlosigkeit ihrer jüdischen Altersgenossen gerade diese zum Ziel von Angriffen und damit zu Objekten ihrer pubertären Machtdemonstration machten.[47] Auch jüdische Erwachsene wurden vielfach angepöbelt und mussten sich höhnische Rufe («Jude! Jude!») gefallen lassen. Sich selbst aufzuwerten und ein persönliches Machtbedürfnis aktiv auszuleben, ohne negative Folgen gewärtigen zu müssen – dies übte offensichtlich einen Reiz aus, der nicht nur für Erwachsene, sondern auch für Kinder und Jugendliche attraktiv war.

Judenverfolgung und «Zustimmungsdiktatur»

Das Verhalten der deutschen Gesellschaft gegenüber den verfolgten Juden nach 1933 wurde nicht nur durch den gesellschaftlichen Antisemitismus bestimmt; es war nicht nur dadurch geprägt, dass die Gesellschaft ihre Interessen an die antijüdischen Normen der NS-Diktatur anpasste und eigene Interessen bei der Judenverfolgung verwirklichte. Ein vierter Aspekt trat hinzu, ohne den die schnelle antijüdische Konsensbildung nach 1933, aber auch die Verhaltensschwankungen von 1933–1945 nicht erklärbar wären: Zwischen der Zustimmung zum Nationalsozialismus und der Popularität Hitlers einerseits und der Zustimmung zur Judenverfolgung anderseits bestand eine sichtbare Interdependenz.

Zu Beginn der NS-Herrschaft, als die Zustimmung zum Nationalsozialismus sich auf jene 43,9 % der Bevölkerung beschränkte, die der NSDAP bei der letzten Reichstagswahl im März 1933 ihre Stimme gegeben hatten, war bisweilen noch öffentlicher Widerspruch gegen die Judenverfolgung zu vernehmen gewesen. So berichteten beispielsweise jüdische Geschäftsinhaber, dass sich während des Boykotts vom 1. April 1933 demonstrativ «Protestkunden» in ihrem Geschäft eingefunden hatten, die höhnisch an den SA-Wachtposten vorbeimarschierten und «nun gerade» in jüdischen Geschäften kauften, um damit ihre Ablehnung des Nationalsozialismus zu dokumentieren.[48] Ein jüdischer Arzt erinnerte sich an demonstrative Praxisbesuche vieler seiner Patienten am Boykotttag. Bei einem Hausbesuch in den folgenden Tagen entgegnete ihm ein Patient, dem er eine Diät verordnet hatte: «Herr Doktor, ich kann die Diät nicht einhalten, weil ich erst die ganzen Eier essen muß, die wir am Boykottag in jüdischen Geschäften gekauft haben.»[49] Auch eine jüdische Ärztin berichtete über zahlreiche Gesten der Anhänglichkeit aus dem Kreise ihrer Patienten: «Die Patienten kamen und kamen mit Blumen, mit kleinen Gaben: ‹Wir wollen Ihnen zeigen, was wir von dieser Politik halten.› ‹Ich bin nicht krank, Doktor, ich komme, um zu sehen, wie es ihnen geht.› Eine kleine Handarbeit, die ‹Boykottdecke›, liegt noch heute in meinem Zimmer. Eine Patientin häkelte sie für mich in jenen Tagen, um mir ihre Zuneigung zu beweisen.»[50]

Solche demonstrativen Bekundungen der Solidarität wurden in den Folgejahren immer seltener und verschwanden schließlich fast ganz. Entgegen mancher Hoffnungen unter den Gegnern des Nationalsozialismus entpuppte sich die NS-Herrschaft nicht als Übergangserscheinung, sondern als relativ dauerhaft und überdies sehr erfolgreich: Die schnelle Beseitigung der Arbeitslosigkeit, die Revision des Vertrages von Versailles, die Kette außenpolitischer «Erfolge» des Regimes, schließlich die militärischen Siege in den Anfangsjahren des Zweiten Weltkrieges nötigten auch ehemaligen NS-Gegnern Respekt ab und führten zu einer enormen Popularität Hitlers, der nach dem Sieg über Frankreich im Juni 1940 im Zenit seines Ansehens stand. Wären zum damaligen Zeitpunkt freie Wahlen unter Aufsicht des Völkerbundes durchgeführt worden, so hätten die Nationalsozialisten einen deutlichen Wahlsieg errungen.[51]

Der wachsende Konsens mit dem NS-Regime und die Popularität Hitlers wirkten sich auch auf die Haltung der Deutschen gegenüber der «Judenfrage» aus. Bereits Mitte der 30er Jahre meldeten die Korrespondenten der sozialdemokratischen Untergrundorganisation in Deutschland, dass nationalsozialistische Rassenlehre und Antisemitismus «in breiten Kreisen des Volkes Wurzel gefaßt» hätten: «Ganz langsam werden da Anschauungen hineinfiltriert, die früher abgelehnt wurden.»[52] Schlimmer noch: Selbst aus den eigenen Reihen waren antijüdische Bemerkungen zu hören, mit denen sich ehemalige Parteimitglieder darüber beklagten, «daß wir so viele Juden an unseren führenden Stellen hatten.»[53] Zwischen der wachsenden Popularität des Regimes und den wachsenden antijüdischen Einstellungen bestand nach Auffassung der sozialistischen Berichterstatter ein unmittelbarer Zusammenhang.

Zwar lehnte eine deutliche Bevölkerungsmehrheit so genannte «Einzelaktionen» und gewaltsame Übergriffe auf Juden als Störung der öffentlichen Ordnung ab und reagierte entsprechend negativ auf antisemitische Aktionen, wie sie von der NSDAP im Frühjahr/Sommer 1935 initiiert wurden. Solche Aktionen hätten «im weiten Kreise der Bevölkerung Erregung verursacht und Ablehnung gefunden», vermeldete beispielsweise die Stapostelle für den Regierungsbezirk Königsberg im Juli 1935.[54] Doch mehrten sich gleichzeitig die Anzeichen, dass ein stetig wachsender Teil der Bevölkerung die Inklusions- und Exklusionsprinzipien der NS-»Volksgemeinschaft» akzeptierte und Juden nicht mehr als Teil der deutschen Gesellschaft betrachtete. «Anstelle des ziellosen Einzelvorgehens tritt allmählich eine zielbewußte allgemeine Ablehnung des jüdischen Gastvolkes, seiner Sitten und Kultur», brachte die Polizeidirektion München diese Haltung im August 1935 zum Ausdruck.[55] Deutlich wurde der sich schleichend ausbildende antijüdische Konsens erstmals bei der Verkündung der Nürnberger Gesetze im September 1935, die den Lageberichten zufolge mit «großer Befriedigung»[56], ja sogar «lebhafter Zustimmung»[57] aufgenommen wurden, – nicht nur, weil sie die gesetz- und regellosen Einzelaktionen der Partei zu beenden schienen, sondern auch die Ausgrenzung der Juden aus der «Volksgemeinschaft» gesetzlich festschrieben. «Die Bevölkerung empfindet die Regelung der Verhältnisse der Juden als befreiende Tat, die nunmehr absolute Klar[heit] bringen und gleichwohl bei aller Festigkeit in der Wahrung der rassenmäßigen Interessen des deutschen Volkes sich frei von einer haßerfüllten Verfolgung der Juden halte», schrieb die Stapostelle im Regierungsbezirk Magdeburg Ende 1935.[58] Ihre Kollegen in dem tief katholischen Regierungsbezirk Münster wiesen zur gleichen Zeit darauf hin, «daß die Bevölkerung die Bedeutung der von der Reichsregierung erlassenen Gesetze immer mehr anerkennt und sie durchweg billigt».[59] Die wachsende Zustimmung der Bevölkerung zum Regime beförderte langsam eine allgemeine Akzeptanz auch der antijüdischen Regimeziele und einen antijüdischen Grundkonsens, der sich ungeachtet aller fortbestehenden Kritik an einzelnen Verfolgungsmaßnahmen immer deutlicher abzeichnete.

2. «… grundsätzlich gebilligt.» Antijüdischer Konsens und «Reichskristallnacht»

Kaum ein anderes Ereignis der NS-Judenverfolgung stieß auf eine so vehemente Kritik der Bevölkerung wie der Novemberpogrom 1938, mit dem die Regimeführung die antjüdische Politik eskalierte. Mitglieder von NSDAP, SA und HJ setzten – zumeist in der Nacht vom 9. auf den 10. 11. 1938 – systematisch Hunderte Synagogen in Brand und zerstörten Tausende jüdischer Geschäfte und Wohnungen. In vielen Fällen kam es zu Plünderungen, an denen sich auch «Volksgenossen» beteiligten. Nach offiziellen Angaben wurden 91 Personen getötet und rund 30 000 jüdische Männer in den Folgetagen in Konzentrationslager abtransportiert. Darüber hinaus wurde den deutschen Juden eine «Sühneleistung» in Höhe von 1 Mrd. RM auferlegt. Die vielschichtigen Ereignisse stießen zwar partiell auf heftige Kritik der Bevölkerung, doch lehnte diese die ergriffenen Maßnahmen keineswegs in Gänze ab. Kritisiert wurde vor allem die Zerstörung und Plünderung von Geschäften, während die Brandschatzung der Synagogen – glaubt man den regimeinternen Lageberichten – lediglich von christlichen Kreisen der Bevölkerung durchgängig abgelehnt wurde.[60] Ähnliches galt für die Verhaftungen, die eine Mehrheit zunächst billigte und in erster Linie wegen deren Begleiterscheinungen wie Übergriffe und Misshandlungen kritisierte.[61] Die finanziellen «Sühneleistungen» und die nachfolgende Verordnung zur «Ausschaltung der Juden aus dem deutschen Wirtschaftsleben» hingegen wurden durchweg «mit Befriedigung aufge-

Die brennende Synagoge in der Rostocker Augustenstraße am 10. November 1938

Zahlreiche Passanten vor dem zerstörten Kaufhaus des jüdischen Inhabers Uhlfelder nach der Pogromnacht in München

nommen», wie der Regierungspräsident für Oberbayern in einem Bericht feststellte.[62] Einem Teil der Bevölkerung erschienen diese Regelungen sogar noch zu milde. So berichtete der Bürgermeister von Bückeburg im November 1938: «Wenig Verständnis ist in der Bevölkerung dafür vorhanden, daß die Judenschaft in materieller Hinsicht nicht noch schärfer zur Rechenschaft gezogen ist, seitdem durch Presse und Rundfunk die Zahlen über das jüdische Vermögen bekannt geworden sind [...] Die Volksgenossen vermuten in diesem Riesenvermögen nach der jahrelangen nationalsozialistischen Propaganda nicht mit Unrecht jene Werte, die dem ausgeplünderten Volke in seinen schlimmsten Notjahren abgegaunert worden sind [...] Je rücksichtsloser und schneller die Enteignung des Judentums, vor allem aber der jüdischen Millionäre vorgenommen wird, umso größer dürfte nach meinen Beobachtungen auch die Genugtuung und die Befriedigung weiter Bevölkerungskreise sein.»[63]

Auch wenn man in Rechnung stellt, dass hier ein nationalsozialistischer Berichterstatter nicht nur die Stimmung der Bevölkerung beschrieb, sondern vor allem seine eigene Sicht der Dinge wieder-

Beschlagnahmtes Wohnungsinventar westeuropäischer Juden in der Wagenwerkstätte der Reichsbahn in Oberhausen (1943)

gab, so war doch nicht zu übersehen, dass nicht nur NS-Funktionäre, sondern viele Deutsche die Beraubung der Juden als durchaus legitimen Akt betrachteten, ja deren Besitz nicht als Privatvermögen, sondern zahlreichen Berichten zufolge als «Volksgut» oder «Volksvermögen» bezeichneten.[64] Fast alle Klagen über die Zerstörung von Sachwerten während des Pogroms argumentierten mit diesem Topos, der ein unterschwelliges Einverständnis mit der Existenzvernichtung der Juden offenbarte. Auch NS-kritische Bevölkerungsteile machten hier keine Ausnahme. So berichtete der SD-Unterabschnitt Württemberg-Hohenzollern in einem Lagebericht Anfang 1939 unter der Rubrik «Liberalismus»: «Die eingefleischten Demokraten zeigten eine besondere Judenfreundlichkeit und bemitleideten die in Haft genommenen Juden sehr. [...] Die Zerstörung der Judengeschäfte und Synagogen wurde als Zerstörung von deutschem Volksvermögen erklärt.»[65]

Semantisch war das Privatvermögen der betroffenen Juden in solchen Äußerungen bereits zugunsten einer Allgemeinheit enteignet worden, die die «Arisierung» jüdischen Besitzes bisweilen mit «lebhafter Genugtuung» registrierte.[66] Jahrzehntelanger Neid auf den

Verwüstete Eckauslage des Kaufhauses Uhlfelder in München nach der Reichspogromnacht

wirtschaftlichen Erfolg der jüdischen Minderheit, nationalsozialistische Propaganda und ein fortschreitender antijüdischer Konsens schlugen sich in solchen Grundhaltungen nieder. Die große Mehrheit der Bevölkerung betrachtete die Juden 1938/39 nicht mehr als

Am 10. November 1938 brennt die Synagoge in Mosbach. Das zuvor aus dem Gebäude geholte Inventar wird auf dem Mosbacher Marktplatz verbrannt.

Teil der «Volksgemeinschaft», hatte ihre Exklusion faktisch akzeptiert und übte allenfalls an rabiaten antisemitischen Einzelmaßnahmen Kritik. In einem Bericht über den Novemberpogrom drückte das Bezirksamt in Garmisch-Partenkirchen diese Haltung folgendermaßen aus: «Das Verschwinden aller Juden aus dem Kreisgebiet wird zwar allgemein begrüßt, aber man glaubt vielfach, daß dieser Erfolg weniger stürmisch durch gesetzliche Maßnahmen hätte erreicht werden können.»[67]

Mancher führende NS-Funktionär hatte diese Stimmungslage und Grundhaltung der Bevölkerung aufmerksam registriert. So hielt der Hamburger NSDAP-Gauleiter und Reichsstatthalter Karl Kaufmann im Januar 1939 vor dem Plenum der Hamburger Handelskammer eine Rede, in der er die Kritik am Novemberpogrom offensiv aufnahm und sich gleichzeitig die Forderung nach «gesetzmäßigem» Vorgehen gegen die Juden zu eigen machte: «Ich gehöre zu den überzeugten Nationalsozialisten, die der Auffassung sind, daß die schnellste gesetzmäßige Endregelung des Judenproblems die beste

Lösung ist (Lebhafter Beifall). Ich gehöre zu den ausgesprochenen Gegnern jener, die glauben, daß ein solches Problem, das positiv gelöst werden muß, nur gelöst werden kann mit Methoden, die normalerweise verwerflich sind [...]. Man hat damit nicht das Eigentum der Juden zerstört, sondern etwas, was unsere Nation bitter nötig braucht (Rufe: Sehr richtig). Aber ich glaube, daß wir hieraus gelernt haben, und ich darf versichern, daß sich derartige Dinge niemals wiederholen werden. Das schließt natürlich nicht aus, daß wir diese notwendigerweise begonnenen Probleme nun auch zu einer endgültigen Regelung führen müssen.»[68]

Die «Ausschaltung» der Juden würde dann nicht auf die Kritik der nichtjüdischen Bevölkerung stoßen, wenn sie sich als «gesetzmäßige Endregelung des Judenproblems» und damit als Staatsverbrechen im legalen Gewande vollzog, nicht aber als Pogrom, der von der Bevölkerung als potentielle Bedrohung der eigenen Position aufgefasst wurde – so lautete der Schluss, den Kaufmann und die nationalsozialistische Staatsführung aus der «Reichskristallnacht» gezogen hatten. Dies bezeichnete 1938/39 auch exakt jenen breiten antijüdischen Konsens, nach dem Juden nicht zur «Volksgemeinschaft» gehörten, aus dieser «gesetzmäßig» ausgeschieden und de facto zur Emigration gezwungen werden sollten.

Ausländische Beobachter der innerdeutschen Situation nahmen in Gesprächen mit der deutschen Bevölkerung 1938/39 diesen Grundkonsens ebenfalls wahr. So verfasste der Vizekonsul des britischen Generalkonsulates in Hamburg im Juli 1939 ein Memorandum, das sich mit der Einstellung jüngerer Deutscher zum Nationalsozialismus beschäftigte und auf zahlreichen Einzelgesprächen mit jüngeren Angehörigen des Hamburger Bürgertums basierte. Deren Haltung zur «Judenfrage» fasste der Vizekonsul in dem Satz zusammen: «They regret the recent excesses and the barbarous methods of carrying out anti-semitic principles, but are none the less firmly convinced of the necessity for ridding Germany of the last Jew.»[69]

Auch der britische Vizekonsul kam in seinen Beobachtungen zu dem Schluss, dass ungeachtet bestehender Vorbehalte gegen offene Gewaltaktionen und Brutalitäten ein antijüdischer Grundkonsens bestand, der die jüdische Minderheit nicht nur außerhalb der deutschen Bevölkerung verortete, sondern auch die Vertreibung der Juden mehrheitlich befürwortete. Von daher stieß auch die Politik der

80 männliche Baden-Badener Juden werden verhaftet und vor die Polizeidirektion gebracht (10. November 1938)

NS-Machthaber, die nach dem Novemberpogrom die jüdische Bevölkerung zwangsweise in «Judenhäusern» konzentrierten und mehr oder minder gewaltsam zur Auswanderung drängten, in der nichtjüdischen Bevölkerung auf keine grundsätzlichen Vorbehalte. Wie das Reichssicherheitshauptamt in einem Lagebericht feststellte, bestände im Gegenteil «in weitesten Kreisen der Wunsch nach einer klaren äußeren Scheidung zwischen dem Judentum und den Volksgenossen.»[70]

3. Die Deportation der deutschen Juden und die Grenzen des Konsenses

Die forcierte Auswanderung vieler deutscher Juden 1938/39 entsprach dem konsensualen Wunsch nach «klarer äußerer Scheidung» und rief in der nichtjüdischen deutschen Bevölkerung kaum noch öffentliche Reaktionen hervor. In beiden Jahren emigrierten mehr als 100 000 deutsche Juden und ließen eine überalterte jüdische Restbevölkerung in Deutschland zurück, die angesichts fehlender Erwerbsmöglichkeiten und Vermögenskonfiszierungen zunehmend verarmte. Mit dem deutschen Überfall auf Polen und dem Beginn des Zweiten Weltkrieges am 1. September 1939 reduzierten sich die Emigrationsmöglichkeiten für die deutschen Juden drastisch, während Millionen polnischer Juden zusätzlich in den deutschen Machtbereich gelangten. Da eine Politik der forcierten Zwangsemigration aus Sicht der NS-Führung kaum mehr Erfolg versprach, verlegte sich diese auf die Suche nach einer territorialen «Endlösung», d. h. die im deutschen Machtbereich befindlichen Juden sollten in ein Territorium am Rande oder außerhalb des deutschen Einflussbereiches abgeschoben werden. Neben einer Ansiedlung auf der Insel Madgaskar[71] wurde u. a. zeitweise eine Abschiebung in den Distrikt Lublin im östlichen Generalgouvernement erwogen.[72]

Zwar wurden solche Planungen in der Öffentlichkeit nicht breit diskutiert, blieben jedoch der nichtjüdischen Bevölkerung keineswegs verborgen. So berichtete die SD-Außenstelle Bad Kissingen im November 1939, dass entsprechende Ansiedlungspläne für den Distrikt Lublin in der Bevölkerung «eifrig besprochen» würden: «Diese Maßnahmen werden unter den Parteigenossen und einem großen Teil der Vg. [Volksgenossen] begrüßt und es werden Vorschläge laut, daß auch die Juden, die noch innerhalb Deutschlands leben, ihren Marsch in dieses Gebiet antreten sollen.»[73]

Am 25. April 1942 werden 955 Juden, die u. a. in Würzburg leben, von Würzburg über Nürnberg in die Gegend von Trawniki bei Lublin deportiert. Zuvor müssen sie durch die Stadt zum Bahnhof marschieren.

Bewegte sich die Zwangs-Deportation von Juden – wie dieser Bericht anzudeuten schien – noch innerhalb des antijüdischen Konsenses und wurde als Beitrag zur «klaren äußeren Scheidung» begriffen, oder wurden die Deportationen wegen ihrer unzweifelhaften Gewaltdimensionen von der nichtjüdischen deutschen Bevölkerung eher skeptisch betrachtet? Die Beantwortung dieser Frage fällt insofern nicht leicht, als mit Kriegsbeginn 1939/40 die Zahl der Lageberichte drastisch abnahm, die überhaupt noch öffentliche Reaktionen auf die Judenverfolgung verzeichneten – und damit auch auf die seit 1941 anlaufenden Deportationen. Spiegelte sich hier – wie viele Historiker angenommen haben[74] – die geringe Aufmerksamkeit wider, die die Bevölkerung den Juden und ihrem Schicksal überhaupt noch beimaß? Oder war das Schweigen der Lageberichte eher einer regimeinternen Tabuisierung geschuldet, über die euphemistisch als «Evakuierung» deklarierten Vorgänge den Mantel des Schweigens auszubreiten und neuralgische Fragen von Ethik, Moral und Herrschaftslegitimation möglichst nicht zu thematisieren? Es fällt auf, dass bisherige Grundlinien der Interpretation sich vor allem auf das Schweigen der Lageberichte und die relative Spärlichkeit der Quellen beziehen. Ian Kershaw beispielsweise hat daraus auf die «Gleichgültigkeit» und moralische «Indifferenz» der Bevölkerung gegenüber den Deportationen geschlossen, während Otto Dov Kulka daraus eine heimliche Komplizenschaft und «stillschweigendes Einverständnis» mit den Deportationen abgeleitet hat.[75] Schon David Bankier hat jedoch darauf verwiesen, dass die Bevölkerung die Deportationen sehr wohl aufmerksam registrierte[76] und auf sie keineswegs nur gleichgültig reagierte, sondern ein Verhaltensspektrum offenbarte, das im folgenden systematisch ausgeleuchtet werden soll.

Fast alle vorhandenen Quellen sprechen von dem «großen Interesse», das die Bevölkerung den Deportationen entgegenbrachte, die sich auch ohne öffentliche Ankündigung wie ein Lauffeuer herumsprachen. «Obwohl diese Aktion von Seiten der Staatspolizei geheim gehalten wurde, hatte sich die Tatsache der Verschickung von Juden doch in allen Bevölkerungskreisen herumgesprochen»[77], stellte die SD-Hauptaußenstelle Bielefeld im Dezember 1941 fest. Zur selben Zeit beklagte die NSDAP-Kreisleitung Göttingen, sie werde noch vor der Deportation der Göttinger Juden mit Anträgen auf Wohnungszuweisungen überhäuft, «da die Absicht, die Juden in nächster Zeit von Göttingen abzutransportieren, in der Bevölkerung bereits bekannt geworden»[78] sei. Die Gendarmerie Forchheim berichtete im November 1941, dass sich anläßlich der Deportation «eine größere Anzahl der hiesigen Einwohnerschaft eingefunden»[79] hatte, während die SD-Außenstelle Detmold meldete, dass die Deportation der Juden aus Lemgo «größeres Aufsehen erregt» und die Bevölkerung sich «recht zahlreich»[80] auf dem Marktplatz eingefunden hatte, auf dem die Deportierten sich hatten versammeln müssen. Auch andernorts befanden sich die Sammelpunkte der Deportierten inmitten des Stadtgebietes, wo sie in aller Regel für jedermann einsehbar waren. So fuhren in Hamburg die S-Bahnen am örtlichen Sammelpunkt, dem gut sichtbaren Platz vor dem Logenhaus, fast im Minutentakt vorbei. «In der Bahn reckten die Leute die Hälse»[81], notierte eine Hamburgerin in ihrem Tagebuch.

Stellenweise glich der Deportationsvorgang einem regelrechten Volksauflauf. In Hamburg wurden die Deportierten durch eine Bei-

Deportation von Juden aus Wetzlar im Jahr 1942

fall klatschende Menge auf Lastkraftwagen getrieben; schon ihr vorheriger Auszug aus den «Judenhäusern» war von zahlreichen Schulkindern «johlend»[82] begleitet worden. In ähnlicher Weise berichtete der Landrat von Bad Neustadt/Saale, «daß eine große, johlende Schar Schulkinder den Zug der Juden bis zum Bahnhof begleitete und dort ihr Geschrei bis zur Abfahrt des Zuges fortsetzte»[83]. Sofern die Deportation aus einzelnen Orten fotografisch dokumentiert wurde, fallen bisweilen zahlreiche Kinder und Jugendliche unter den Zuschauern auf, ja selbst die öffentliche Versteigerung des Besitzes von Deportierten zog – wie in Hanau 1942 – lachende Kinder an.[84] Diese Präsenz von Kindern und Jugendlichen hatte sogar insofern eine «Tradition», als – wie bereits erwähnt – Kinder und Jugendliche schon seit 1933 an antisemitischen Übergriffen beteiligt waren und sich bei der öffentlichen Anprangerung und Demütigung von Juden und sogenannten «Rassenschänderinnen» in den Jahren zuvor stets eine auffallend große Zahl von Jugendlichen und Kindern eingefunden hatte, wie die vorhandenen Fotodokumente nachdrücklich belegen.[85] Sofern Schulkinder nicht von ihren Lehrern zum Gaffen regelrecht aufgefordert worden waren, sich beispielsweise brennende Synagogen und «Rassenschänderinnen» anzusehen,[86] sondern spontan und aus eigenem Antrieb erschienen, indizierte ihre Beteiligung jene Aura des Sensationellen und Außeralltäglichen, das die Deportationen umgab und besonders Jugendliche magisch anzog. Ganz offensichtlich wurden die Deportationen von der Bevölkerung eben nicht als beiläufiger, alltäglicher Vorgang begriffen. Was diesen Vorgang für Jugendliche bestaunenswert und besonders attraktiv machte, war der Umstand, dass hier öffentlich traditionelle gesellschaftliche Normen – wie der Respekt Jugendlicher gegenüber Erwachsenen – außer Kraft gesetzt wurden. Die gedemütigten und mit dem gelben Stern gekennzeichneten Juden waren in den Augen der Jugendlichen keine respektgebietenden Personen mehr. Ihnen gegenüber konnte man sich ungestraft gehen lassen und die Umkehrung der gesellschaftlichen Normen durch Johlen lautstark dokumentieren. Dass die Verantwortlichen die Kinder und Jugendlichen nicht einfach fortschickten, deutet darauf hin, dass es ihnen teilweise auch darum ging, die Deportationen als eine gesellschaftliche Normsetzung zu inszenieren, die den inferioren Status der Juden öffentlich dokumentierte – und damit aus Sicht der Verantwortlichen sogar erzieherischen Wert besaß.

Demonstrative öffentliche Zustimmung zur Deportation der Juden, ja ausgesprochene Hassausbrüche gegen sie waren zwar nicht die Regel, gehörten jedoch keineswegs zu den absoluten Ausnahmen. So waren 1942 bei der Deportation von Juden aus Bad Neustadt an der Saale die Eisenbahnwaggons «mit häßlichen Inschriften beschmiert», wie das Betriebsamt Schweinfurt der Reichsbahn beschwerdeführend feststellte.[87] Anläßlich der ersten Transporte aus Hamburg erinnerte sich ein Journalist an Aussprüche wie: «Jetzt marschieren sie ins Ghetto» oder «Wird auch höchste Eisenbahn, daß sie verduften. Alles nur unnütze Esser!»[88] Eine nichtjüdische Hamburgerin, die mit einem jüdischen Ehemann verheiratet war, notierte in ihrem Tagebuch am 5. Dezember 1941 die Bemerkung eines Passanten: «Gut, daß das Pack ausgekehrt wird!»[89] Aus Frankfurt berichtete ein im September 1942 Deportierter über permanente verbale Attacken während des Abtransports: «Auf dem ganzen Weg wurden wir von einer johlenden Menge beschimpft und verhöhnt. ‹Schlagt sie doch tot, zu was die teuren Kohlen für den Transportzug!› Immer wieder diese Zurufe, offenbar einstudiert.»[90] Einzelne Lageberichte meldeten Äußerungen ähnlichen Inhalts, mit denen Passanten ihr Erstaunen zum Ausdruck brachten, «daß man den Juden zum Transport nach dem Bahnhof die gut eingerichteten städtischen Verkehrsautobusse zur Verfügung stellte»[91]. Der nationalsozialistische Verfasser der Kriegschronik der Stadt Münster hielt im Dezember 1941 fest, dass die Nachricht über die Deportation der Juden in der Öffentlichkeit ebenso «lebhaft» wie zustimmend besprochen worden wäre: «Überwiegend sind die Tresengäste mit der Maßnahme sehr zufrieden. Die Juden kämen alle in den Osten in große Arbeitslager, einmal, damit sie dort arbeiten könnten und dann auch, damit sie die dringend benötigten Wohnräume in Münster freimachten. Richtig, richtig lautet wiederholt die Zustimmung der Umstehenden, als sie davon hören, daß auf solche Weise auch der Wohnungsnot entgegengearbeitet werden soll.»[92]

Insgesamt jedoch blieben diejenigen, die demonstrative öffentliche Zustimmung bekundeten oder sogar ihrem Hass gegen Juden öffentlich Ausdruck verliehen und die Verantwortlichen für die Deportationen noch ob ihrer angeblichen Milde kritisierten, in der Minderheit. Ein deutlich größerer Teil der deutschen Bevölkerung wie auch der Passanten und Beobachter verhielt sich demgegenüber unauffällig und tat sich weder mit zustimmenden noch ablehnenden Kommentaren öffentlich hervor. Diese Haltung konnte sowohl ein insgeheimes Einverständnis als auch Gleichgültigkeit oder eine verlegene Distanz zum Ausdruck bringen und ist daher nur bedingt unter dem Begriff der «Indifferenz» zu subsumieren. Nach den Lageberichten stimmten den Deportationen vor allem «der politisch geschulte Teil der Bevölkerung» zu, bzw. «nationalsozialistisch gefestigte Volksgenossen» oder «Volksgenossen, die die Judenfrage beherrschen»[93]. Es bedurfte ganz offensichtlich einer – teilweise durch Schulung vermittelten – antisemitischen Perspektive, um nicht einem natürlichen Mitleidsimpuls nachzugeben, sondern die Deportation teilweise hochbetagter und gebrechlicher Menschen gutzuheißen. Andere ließen zumindest nach außen keinerlei Meinung oder Grundhaltung erkennen, beachteten die Deportationen nur wenig und konzentrierten sich auf ihre eigenen Angelegenheiten. Ob die sich unauffällig verhaltenden ‹Volksgenossen› eine «stumme Mehrheit von Verlegenheit, Gleichgültigkeit, abgestumpfter Subordination»[94] bildeten, muss offen bleiben. Zweifel sind jedoch angebracht, war doch der systematische öffentliche Abtransport der Juden und die anschließende öffentliche Versteigerung ihres Besitzes ein zu einschneidender Vorgang, um ihm mehrheitlich mit schierer Nichtbeachtung zu begegnen, auch wenn sich das Gros der Bevölkerung – wie im «Dritten Reich» nicht unüblich – mit demonstrativen öffentlichen Äußerungen zurückhielt.

Neben der Gruppe der überzeugten, ihrer Gesinnung nachhaltig Ausdruck gebenden Antisemiten und der größeren Gruppe der Unauffälligen, die zwischen Einverständnis, Gleichgültigkeit und verhaltener Distanz schwankte, ließ ein weiterer Teil der deutschen Bevölkerung Dissens gegenüber den Deportationen erkennen. Dabei hüteten sich die meisten wohlweislich, diesen Dissens als generelle Kritik an den antijüdischen Maßnahmen zu formulieren. Statt dessen brachten sie humanitäre Einwände vor, verwiesen auf das hohe Alter der Deportierten oder die besondere Härte des Winters. In typischer Weise fasste die SD-Außenstelle Minden diese Bedenken in einem Bericht vom Dezember 1941 zusammen. Es sei moniert worden, «jetzt im Winter mit allen seinen Gefahren die Leute ausgerechnet nach dem Osten zu verfrachten. Es könnte doch damit gerechnet werden, daß sehr viel Juden den Transport nicht überständen. Dabei wird darauf hingewiesen, daß die jetzt evakuierten Juden doch durchweg Leute wären, die seit ewigen Jahren in hiesiger Gegend gewohnt hätten. Man ist der Ansicht, daß für viele Juden diese Entscheidung zu hart sei. Wenn auch diese Meinung nicht in verstärktem Maße festzustellen ist, so findet man sie aber doch in einem großen Teil gerade unter den gutsituierten Kreisen. Hierbei sind auch wieder die älteren Leute die überwiegende Anzahl.»[95] Mit ähnlicher Tendenz berichtete die SD-Außenstelle Lemgo im Juli 1942 über kritische Äußerungen anläßlich der Deportation, die ein «großer Teil der älteren Volksgenossen» im allgemeinen «negativ kritisiert» habe: «So wurde gesagt, daß die Juden in Deutschland ja sowieso zum Aussterben verurteilt seien und diese Maßnahme, die für die Juden eine besondere Härte bedeutete, sich daher erübrige. Selbst solche Volksgenossen, die bei jeder passenden und unpassenden Gelegenheit früher ihre nationalsozialistische Gesinnung herausgestellt hätten, hätten in dieser Hinsicht Partei für die Interessen der Juden bzw. der kirchlich gebundenen Volksgenossen genommen. Innerhalb der kirchlich gebundenen Kreise wurde geäußert: ‹Wenn das deutsche Volk nur nicht eines Tages die Strafe Gottes zu gewärtigen hat›.»[96]

Geht man von einzelnen Lageberichten aus, dann waren es am ehesten Ältere aus bürgerlichen bzw. christlich eingestellten Kreisen, die vorsichtig Bedenken äußerten und in Einzelfällen Hilfe leisteten bzw. sich für Juden einsetzten. Die Stapostelle Bremen bezichtigte im November 1941 vor allem «kirchliche und gewerbliche Kreise» der Unterstützung für Juden. «In einer bekennenden Gemeinde, die sich fast ausschließlich aus bürgerlichen Intelligenzkreisen zusammensetzt, brachten es zahlreiche Gemeindemitglieder fertig, Juden durch materielle Zuwendungen zu unterstützen.»[97] In solchen Formulierungen spiegelten sich deutlich die Feindbildprojektionen der Berichterstatter wider. Die Kirchen galten als gesellschaftliche Institutionen, mit denen nach einem gewonnenen Krieg «abgerechnet» werden sollte, und vor diesem Hintergrund müssen auch die einzelnen Berichte über dissidente Haltungen in «christlichen Kreisen» interpretiert werden, die nicht nur etwas über tatsächliche Einstellungen von Christen gegenüber den Deportationen aussagen, sondern auch über die schematisierten Feindbilder nationalsozialistischer Berichterstatter. Wäre die Kritik an den Deportationen Gemeingut der meisten Christen gewesen, hätten auch die Amtskirchen zu den Deportationen nicht so hartnäckig geschwiegen.[98]

Trotz mancher Bedenken gegen die Deportationen beschränkten sich die aktive Hilfestellung für Juden im Herbst/Winter 1941 auf wenige Einzelfälle, in denen Nichtjuden sich zugunsten einzelner, oft hochbetagter Juden engagierten oder mit Lebensmitteln unterstützten. Anläßlich der ersten Deportationen aus Hamburg hatten Firmen oder Privatpersonen anonym große Mengen an Lebensmitteln für die Deportierten gespendet und über Nacht vor den Eingangstüren des Jüdischen Gemeinschaftshauses deponiert.[99] In einzelnen Fällen setzten sich auch Hamburger Bürger gegenüber dem «Regierenden Bürgermeister» Carl Vincent Krogmann für Deportierte ein. Ein allgemeiner Protest gegen die Deportationen war jedoch fast nirgends festzustellen. Auch gab es – zumindest im Herbst/Winter 1941 – fast keine ernsthaften Angebote an Juden, unterzutauchen und ihnen in diesem Fall Obdach zu gewähren. Dazu fehlte es freilich auch an der Bereitschaft von Juden, von denen ein Teil erst dann den Weg in den Untergrund wählte, als sich ab 1942 die Gerüchte über Massenmorde langsam verbreiteten bzw. Lebenszeichen von zuvor Deportierten ausblieben.[100]

Insgesamt zeichneten sich die Reaktionen auf die Deportationen also durch eine Verhaltenstrias aus aktiver Zustimmung, Zurückhaltung und kritischer Distanz aus. Eine sichtbare Verhaltensvielfalt offenbarte sich selbst bei einem Vorgang, der bislang – und zu Recht – als Verstrickung der Bevölkerung in die Vernichtungspolitik und Komplizenschaft mit dem Regime interpretiert wurde, nämlich der öffentlichen Versteigerung des Besitzes deportierter Juden.[101] Die Kulturwissenschaftlerin Franziska Becker hat diesen Vorgang – auch auf der Basis von Interviews – am Beispiel der schwäbischen Landgemeinde Baisingen und damit eines überschaubaren Mikrokosmos ausgeleuchtet, in dem der Zusammenhang zwischen den Gegenständen und ihren einstmaligen Besitzern nicht – wie in den Großstädten – durch eine trügerische Anonymität zerrissen war.[102]

Besonders auffällig verhielten sich jene Bewohner, die die Versteigerung gar nicht abwarten konnten und die Finanzbehörden schon im Vorfeld der Deportationen bedrängten, ihnen bestimmte Gegenstände zu überlassen. So bekundete ein Herr B. gegenüber dem Finanzamt ein erhebliches Interesse an der Schlafzimmereinrichtung seiner jüdischen Nachbarin, Frau Stern, insbesondere sei er «Liebhaber für die dazugehörigen Matratzen. Soviel ich erfahren konnte, soll die noch in Baisingen wohnende Jüdin Stern Mitte des Monats dort wegkommen.»[103] Manche besaßen sogar die kaum glaubliche Skrupellosigkeit, bei jüdischen Nachbarn selbst – unmittelbar vor deren Deportation – vorstellig zu werden. Auch aus anderen Gemeinden sind derartige Initiativen einzelner Personen im Vorfeld der Deportationen überliefert, zum Beispiel aus Bad Neustadt a. d. Saale, wo sich ein «Volksgenosse im Parteiwesen» darum bemühte, «einen Rucksack von den Juden zum Schätzenpreis (sic!) zu bekommen.»[104]

Eine zweite Gruppe, die einen erheblichen Teil der Baisinger Ortsbewohner ausmachte, nahm an den Versteigerungen teil, weil sie ihnen Gelegenheit bot, begehrte und knappe Haushaltsgegenstände für ein Minimum ihres Wertes günstig zu erwerben. Einige beteiligten sich, um ein Erinnerungsstück an ihre ehemaligen jüdischen Nachbarn zu erwerben.[105] Die «Schnäppchenjäger» aus der Bevölkerung wurden zwar vor allem von materieller Gier angetrieben, waren

Versteigerung und Verkauf jüdischen Vermögens (vermutlich Region Hanau)

jedoch auch von gemischten Gefühlen bewegt, die sich in dem Stoßgebet «Lieber Gott, wenn die Juden heut noch mal kämen …» offenbarten, das während der Versteigerungen gesprochen wurde. Darin kam einerseits ein unterschwelliges schlechtes Gewissen in Form einer Bestrafungserwartung zum Ausdruck. Andererseits deutete das Stoßgebet das moralische Verstrickungspotential der Versteigerungen an, denn es transportierte ja ebenso die latente Hoffnung, dass die Juden nicht wiederkommen mögen.

Eine dritte Gruppe von Dorfbewohnern hielt sich schließlich bewusst von den Versteigerungen fern. Das eigene schlechte Gewissen wog schwerer als die Aussicht auf materiellen Gewinn: «Da hab ich zu meiner Mutter gesagt, sie soll auch gehen und Sach holen. Da hat sie gesagt, nein, nein, sie könnt da nix brauchen, da könnt sie nicht drin schlafen, da hätt' sie keine Ruh' mehr. So hat's auch Leut gegeben.»[106]

Die Deportationen und die Verwertung des Eigentums vollzogen sich reibungslos, Proteste blieben aus. Allerdings war nicht zu übersehen, dass ein Teil der Bevölkerung Einwände geltend gemacht hatte und dass die Deportationen bei manchen auch ein schlechtes

Gewissen und diffuse Bestrafungsängste aktivierten. Hier wurden Bruchstellen im «volksgemeinschaftlichen» Konsens deutlich, die in manchem Lagebericht wohl bewusst nicht deutlich ausgeleuchtet wurden, wobei eine Neigung zum Euphemismus vor allem auf den höheren Ebenen des Berichts- und Überwachungswesens festzustellen ist.[107] So hatte die SD-Außenstelle Minden am 6. Dezember 1941 gleich im ersten Satz ihres Berichtes hervorgehoben, dass die «Evakuierung» der Juden «in einem großen Teil der Bevölkerung mit großer Besorgnis aufgenommen»[108] worden sei. Diese «große Besorgnis» mochte die SD-Hauptaußenstelle Bielefeld jedoch nicht nach Berlin melden. Und so hob sie statt dessen zehn Tage später in ihrem Bericht – der sich ausschließlich auf Angaben aus Minden stützte – hervor: «Es muß festgestellt werden, daß die Aktion vom weitaus größten Teil der Bevölkerung begrüßt wurde.»[109] Für diese Einschätzung freilich fehlte im Mindener Bericht jeglicher Beleg. Sorgen der Bevölkerung in der «Judenfrage» waren für die NS-Machthaber offenbar nicht ohne Brisanz.

Zusammenfassend könnte man im Hinblick auf die Deportationen von einem «Gerade-noch-Konsens» zwischen Regime und Bevölkerung sprechen, dessen Grenzen sich bereits deutlich abzeichneten. Einerseits wurden die Deportationen als konsequente Fortsetzung einer Politik der «klaren äußeren Scheidung» noch akzeptiert, andererseits wies das Procedere eine deutlich sichtbare Gewaltkomponente auf, wurden doch zumeist ältere Menschen ihrer angestammten Wohnorte verwiesen und unter demütigenden Begleitumständen in den Osten verfrachtet. Mancher ahnte, dass hier eine Politik der Zwangsausgrenzung in die eines systematischen Massenmordes umzuschlagen begann, zumal seit Ende 1939 Nachrichten über das Wirken der Einsatzgruppen in Polen und ab Mitte 1941 in der Sowjetunion die Runde machten, die auf eine grundlegende Eskalation der antijüdischen Gewalt hindeuteten.

4. Die Kenntnis des Holocaust

In mancher öffentlichen Äußerung zu den Deportationen 1941 schwang durchaus eine Ahnung von dem weiteren Schicksal der Deportierten mit. Bereits im Dezember 1941 hatte die SD-Außenstelle

Minden das Gerücht kolportiert, dass «die älteren und kranken Juden erschossen werden sollten», wodurch «die Mitleidsdrüse verschiedener christlich Eingestellter stark in Tätigkeit gebracht»[110] worden sei.

Solche Gerüchte basierten nicht allein auf kolportierten Informationen aus dem Osten, sondern reflektierten auch jene Informationen, die im Herbst/Winter 1941 öffentlich zugänglich waren. Zwar schwiegen sich Tageszeitungen und Rundfunk über die Deportationen aus, während über die Einführung des «gelben Sterns» im September 1941 noch relativ breit berichtet worden war, doch flankierte das Regime die Deportationen mit einer massiven antisemitischen Propagandaoffensive, die dem einzelnen «Volksgenossen» unmöglich verborgen bleiben konnte. Vor allem Propagandaminister Goebbels hatte sich über vereinzeltes Mitleid und offene Sympathiebekundungen anlässlich der Einführung des «gelben Sterns» nachhaltig geärgert und am 28. 10. 1941 in seinem Tagebuch notiert: «Unsere intellektuellen und gesellschaftlichen Schichten haben plötzlich wieder ihr Humanitätsgefühl für die armen Juden entdeckt. Der deutsche Michel ist ihnen nicht auszutreiben.»[111] Am 24. Oktober 1941 hatte das Reichssicherheitshauptamt in einem Runderlass einen neuen Straftatbestand verkündet, nämlich «judenfreundliches Verhalten»: Wer «in der Öffentlichkeit freundschaftliche Beziehungen zu Juden» zeige – so der Erlass, dem wurde Schutzhaft und in schwerwiegenden Fällen eine dreimonatige KZ-Inhaftierung angedroht.[112] Diesen Erlass ließ Goebbels allen deutschen Haushalten zusammen mit den monatlichen Lebensmittelkarten zukommen. Er war gedruckt auf einem schwarzen Blatt mit gelbem Stern, auf dem zu lesen war: «Deutsche, das ist euer Todfeind.»[113] Am 25. Oktober 1941 ordnete Goebbels an, in allen öffentlichen Verkehrsmitteln Schilder mit der Aufschrift anzubringen: «Die Juden sind unser Unglück. Sie haben diesen Krieg gewollt, um Deutschland zu vernichten. Deutsche Volksgenossen, vergesst das nie!» Auch die NSDAP-Parteipresse schaltete sich in die Propagandakampagne ein, wie beispielsweise die Hamburger «Gaunachrichten», das Mitteilungsblatt der Hamburger NSDAP, das im Oktober 1941 an seine Leser appellierte: «Und wenn wir heute die Juden, mit ihrem Davidstern gekennzeichnet, in den Straßen antreffen, dann bitte keine Gefühlsduseleien. Frauen, vergeßt nicht, daß Tausende und aber Tausende deutscher Männer, Frauen und Kinder auf Judengeheiß ermordet wurden. Das war also Vernichtung um jeden Preis, nur weil sie Deutsche waren.»[114] Täter und Opfer waren hier auf groteske Weise miteinander vertauscht, und wer sich auf die Kunst des Zwischen-den-Zeilen-Lesens verstand, konnte hier eine ganz andere Botschaft wahrnehmen, nämlich jene «Vernichtung um jeden Preis» anzukündigen, die den Juden zugedacht war.

Am 16. November 1941 wurde Goebbels noch deutlicher, als er in der Wochenzeitung «Das Reich» den Leitartikel «Die Juden sind schuld» veröffentlichte, der auch im Rundfunk verlesen und kurz darauf als Sonderdruck in riesiger Auflage verbreitet wurde. Dort hieß es: «Aber es bewahrheitet sich an den Juden auch die Prophezeiung, die der Führer am 30. Januar 1939 im deutschen Reichstag aussprach, dass, wenn es dem internationalen Finanzjudentum gelingen sollte, die Völker noch einmal in einen Weltkrieg zu stürzen, das Ergebnis nicht die Bolschewisierung der Erde und damit der Sieg des Judentums sein werden, sondern die Vernichtung der jüdischen Rasse in Europa. Wir erleben eben den Vollzug dieser Prophezeiung, und es erfüllt sich damit am Judentum ein Schicksal, das zwar hart, aber mehr als verdient ist. ... Das Weltjudentum ... erleidet nun einen allmählichen Vernichtungsprozeß, den es uns zugedacht hatte.»

Unter allen Presseverlautbarungen des Dritten Reiches sprach dieser Artikel den Massenmord an Juden am deutlichsten an. Nur ein Artikel vom Mai 1944 auf Seite 1 der Danziger Tageszeitung war insofern noch präziser, als der Autor dort bekanntgab, dass «mittlerweile fünf Millionen Juden ausgeschaltet» worden seien.[115] Ansonsten herrschte jedoch eine Technik der verschlüsselten Information vor, die auch in Goebbels' Artikel dominierte, der die Deportation der deutschen Juden mit keinem Wort erwähnt, sondern statt dessen den propagandistischen Topos des «Weltjudentums» verwendet hatte. Etwas öffentlich anzudeuten, ohne es realiter auszusprechen, war bezogen auf den Holocaust eine Technik der Informationsverschlüsselung, die vor allem Hitler praktizierte, der in seinen Reden mehrfach auf seine erwähnte Prophezeiung zu sprechen kam, so in einer Ansprache am 8. November 1942 im Münchner Bürgerbräukeller, wo er die Vernichtung der Juden in das Bild der Vernichtung ihres Lachens kleidete: «Man hat mich immer als Propheten ausgelacht [...]. Von denen, die damals lachten, lachen heute Unzählige nicht

Juda vor dem Fall

Von WILHELM LOEBSACK, Danzig

In der ersten Hälfte des 20. Jahrhunderts hat das Judentum eine Steigerung seiner Macht in einem Ausmaß erreicht, wie das bisher in der Geschichte kaum der Fall war. Wenig mehr als hundert Jahre benötigte es, um diesen geradezu verblüffenden Aufstieg zu erleben. 1820 ist es über die Anfangsstadien der Ausnutzung der von ihm benutzten und verfälschten Grundmotive und Gedankengänge der Französischen Revolution gerade hinausgediehen. Das Haus Rothschild hat von Frankfurt aus seine Fänge in die Welt gestreckt. Das Zeitalter des Profitkapitalismus kündigt sich an. Die soziale Frage hat vor wenigen Jahrzehnten revolutionär-chaotische Erschütterungen gezeitigt, neue kündigten sich mit fernem, dumpfem Grollen an. Von Europa fordert das uralte Problem Mensch und Gemeinschaft eine neue schöpferische Lösung. Das erstaunlich schnelle Anwachsen der Völker, das Hereinbrechen des Maschinenzeitalters, das Verfallen alter Autoritäten beschleunigen den Prozeß. Das Judentum sieht eine große Stunde gekommen. Wenn es gelingen würde, schöpferische Lösungen zu verhindern und alle echten Werte und Bindungen zu atomisieren, mußten bei geduldiger, zäher Planung und brutaler

und zwangsläufiger Gegner des Judentums schicksalhaft werden sollte: den Nationalsozialismus Adolf Hitlers. In 14 Kampfjahren und sechs Jahren des Aufbaues im Besitz der staatlichen Macht vollzog sich durch diese Bewegung und die sie tragenden Ideen jene Veränderung im Denken des deutschen Volkes, seiner inneren und äußeren Verfassung und seiner machtpolitischen Lage, welche es von der sein Leben tödlich bedrohenden jüdischen Infektion befreite. Die jüdischen Pläne in Deutschland waren damit zum Scheitern verurteilt, die Juden an der Krönung ihres satanischen Werkes gehindert. Ihre Drohungen konnten uns nicht zur Umkehr bewegen, und so entschloß sich das Judentum zur endgültigen Durchsetzung seiner Ziele, jenen neuen Weltkrieg herbeizuführen, von dem es 1919 im Falle eines Scheiterns seiner sonstigen Pläne schon träumte. „Das internationale Judentum hat Europa gezwungen, diesen Krieg zu machen, nicht nur um große Summen Geldes aufzuhäufen, sondern, um mit diesem Geld einen neuen jüdischen Weltkrieg beginnen zu könen." (Jewisch World 16. 1. 1919.) Die Machtpositionen wurden verstärkt, der Prozeß der Erweiterung und Festigung der jüdischen

4. Das Judentum hat weitere schwere Einbußen in anderen Räumen Europas zu verzeichnen. Die Kerngebiete jüdischer Zusammenballung, die wir in Polen, wie in Warschau oder Lublin fanden, sind heute ebenso neutralisiert, wie das zur Zeit mit den Siedlungen der 1½ Millionen Juden in Ungarn geschieht. Damit sind allein in diesen Ländern fünf Millionen Juden ausgeschaltet. In anderen europäischen Ländern verschärfen sich die seit langem getroffenen gesetzlichen Maßnahmen gegen das Judentum ebenfalls in steigendem Maße. Mit der Tätigkeit dieser Juden waren wesentliche Planungen und Hoffnungen des Weltjudentums verknüpft. „Sie sind das trojanische Pferd in der Festung des Feindes. Tausende in Europa lebende Juden sind der Hauptfaktor bei der Vernichtung unseres Feindes. Dort ist unsere wertvollste Hilfe für den Sieg", so äußerte sich Cajim Weizmann, Präsident der zionistischen Weltorganisation, in einer Rede am 28. 12. 1942 anläßlich des Weltkongresses in Neuyork. Diese Worte sind um so bemerkenswerter, als damals bereits Ungarn mit uns verbündet und Weizmann der dortigen Judenfreunde trotzdem ganz sicher war.

Danziger Vorposten, 13. Mai 1944, Artikel von Wilhelm Löbsack (NSDAP-Gau Danzig), der angibt, bis zu diesem Zeitpunkt seien fünf Millionen Juden «ausgeschaltet».

mehr»,[116] worauf auf der Tonbandaufnahme der Rede ein wissendes, hämisches Gelächter des Publikums deutlich zu vernehmen ist.

Es mangelte somit 1941/1942 keineswegs an öffentlichen Anspielungen und verschlüsselten Informationen, aus denen derjenige, der etwas wissen wollte, durchaus seine Schlüsse ziehen konnte. Ein konsistentes Gesamtbild im Hinblick auf systematischen Massenmord ergab sich daraus jedoch noch nicht, zumal unmittelbar nach Beginn der Deportationen aus dem «Altreich» im Herbst 1941 die systematische Ermordung der deutschen Juden noch keineswegs feststand. Wertet man zudem die Erinnerungsberichte von Juden aus, die Deportation und Holocaust überlebt hatten, dann waren sich diese 1941 des tödlichen Schicksals zumeist nicht bewusst und klammerten sich mehrheitlich an die Fiktion des «Arbeitseinsatzes im Osten», auch wenn die Suizidrate unter den Deportierten enorm hoch war und die verzweifelte Stimmung der betroffenen Juden deutlich machte.[117] Zudem trafen von denjenigen Juden, die in Ghettos wie Litzmannstadt/Lodz oder Minsk deportiert worden waren, anfänglich immer noch Postkarten und Lebenszeugnisse ein, so dass selbst für die gut informierten Funktionäre der Reichsvereinigung der Juden in Deutschland noch 1941 ein systematischer Massenmord nicht erkennbar war. Was heute im Allgemeinen als «Holocaust» bezeichnet wird und sich rückblickend als geschlossener, hermetischer und stringent ablaufender Mordvorgang ausnimmt, war in der historischen Realität eine sich über viele Jahre hinziehende Abfolge von Massakern und Mordaktionen, die parallel zum Einsatz von Juden zur Zwangsarbeit verliefen und ein insgesamt komplexes Bild vermittelten, dass anfänglich nicht eindeutig zu entschlüsseln war.

Dies zeigen nicht zuletzt die internen Reaktionen der westlichen Alliierten und Kriegsgegner Nazi-Deutschlands 1941/42, die über die Deportation der deutschen Juden und Mordaktionen der Einsatzgruppen durchaus genau informiert waren, sie jedoch bis in das Jahr 1942 nicht als Auftakt zum systematischen Massenmord begriffen. So ging das britische Ministerium for Economic Warfare noch 1942 davon aus, dass die Deportation der deutschen Juden in erster Linie dem Einsatz zur Zwangsarbeit diene.[118]

Im Laufe des Jahres 1942 änderte sich die Situation freilich grundlegend. Nicht nur die Alliierten nahmen jetzt das Mordgeschehen zunehmend ungeschminkt wahr und berichteten – wie die

BBC – darüber in ihren Rundfunksendungen nach Deutschland, auch auf die deutsche Zivilbevölkerung im «Altreich» floss nun ein breiter Strom von Informationen über Mordaktionen in den besetzten Gebieten zu, die von deutschen Soldaten auf Fronturlaub und deutschen Angehörigen der Besatzungsverwaltung in Osteuropa verbreitet wurden.

Was ein durchschnittlicher «Volksgenosse» auf diesen Wegen erfahren konnte, machen die privaten Aufzeichnungen des Technikers Karl Dürkefälden deutlich, der 1942 als Konstrukteur in einer Maschinenfabrik in Celle arbeitete.[119] Im Februar 1942 las er in der Niedersächsischen Tageszeitung die Botschaft Adolf Hitlers an die NSDAP-Parteigenossen zum Parteigründungstag am 25. Februar, in der Hitler erneut auf seine «Prophezeiung» einging, «daß durch diesen Krieg nicht die arische Menschheit vernichtet, sondern der Jude ausgerottet werden wird.» Die Zeitung hatte über diesen Abschnitt die Zwischenüberschrift «Der Jude wird ausgerottet» gesetzt.[120] Wenige Tage zuvor hatte Dürkefälden aus einem Gespräch mit einem deutschen Soldaten, das er im Zug geführt hatte, den Satz notiert: «Solche Massenvernichtungen seien im vorigen Kriege nicht vorgekommen.»[121] Im Juni 1942 berichtete ihm sein Schwager, der als Bauführer in der Ukraine gearbeitet hatte, über die Massenexekution von Juden durch deutsche Polizisten, die er selbst mit angesehen hatte. Dürkefälden notierte sich die Äußerung: «In der Ukraine gibt es keine Juden mehr, was nicht geflüchtet ist, wurde erschossen. Gefangengenommene Juden und Kommissare werden gleich erschossen.»[122] Wenige Tage später erfuhr er von Äußerungen von Soldaten, die mehrfach erzählt hätten, «im vorigen Herbst seien in Polen Juden zu Tausenden erschossen: Erst hatten sie für andere Gräber zu schaufeln und eines Tages hatten sie ihr eigenes Grab gegraben und wurden von hinten erschossen. Daß die Juden zu Tausenden erschossen wurden, habe ich am folgenden Tag auch von ganz anderer Seite gehört.»[123] Am 20. Juni erfuhr Dürkefälden von seinem Arbeitgeber, dessen Sohn bei Bialystok eingesetzt gewesen war, dass ganze Dörfer ausgerottet und sämtliche Frauen und Kinder getötet worden seien.[124] Ende August 1942 berichtete ihm seine Schwiegermutter, die verwundete Soldaten mit Kuchen bewirtet hatte, dass ihr ein Soldat gesagt habe: «Wir haben in Rußland zehntausend Juden umgelegt.» Im Oktober 1942 machte ein Arbeitskollege die Bemerkung: «Die armen Juden, mein Schwager war aus dem Kaukasus im Urlaub. Sämtliche Juden wurden dort niedergemacht, ganz gleich ob schwangere Frauen oder Kinder oder Säuglinge.»[125] Den deutschsprachigen Sendungen der BBC entnahm Dürkefälden im Herbst 1942 Nachrichten über die Deportation von Juden aus Frankreich sowie über «die Vernichtung der Juden», die «in Warschau in Güterwagen geladen, verschlossen, in freies Gelände gefahren und vergast wurden bei herzzerreißenden Gebeten.»[126] Im Dezember 1942 schließlich entnahm er dem britischen Sender detaillierte Zahlen über bislang ermordete Juden: «Da war zum Beispiel von Serbien gesagt worden, daß die Deutschen dort von 75 000 oder 85 000 Juden 5000 bislang übrig gelassen hätten. Polen sei das große Schlachthaus.» Ein ehemaliger Firmenangestellter, der als Soldat bei Wilna eingesetzt war, teilte ihm im Januar 1943 mit, dass von einstmals 70 000–80 000 Juden in Wilna nur noch 8000 bis 10 000 dort lebten: «Der Soldat fügte hinzu, daß die Juden aus Frankreich und anderen Ländern nach Polen geholt und dort teils erschossen, teils vergast wurden.»[127]

Innerhalb eines Jahres hatte der «Volksgenosse» Karl Dürkefälden, ohne jemals auch nur in der Nähe von Mordstätten oder Exekutionsorten gewesen zu sein, eine Fülle mündlicher Informationen über Massenmorde an Juden erhalten, die er mit offiziellen Presseverlautbarungen und heimlich abgehörten Nachrichten der BBC zu einem Gesamtbild verknüpfte, das über den systematischen Massenmord an Juden in Europa keine Zweifel aufkommen ließ. Der Zugang zu entsprechenden Informationen setzte keine exklusiven Kontakte und Bezugsquellen voraus, stammten sie doch im Falle Dürkefäldens aus der Familie, dem Bekanntenkreis, von Arbeitskollegen und Fremden, mit denen er ins Gespräch gekommen war.

Die enorme Verbreitung entsprechender Gerüchte und Informationen im Jahre 1942 bestätigt sich anhand zahlreicher weiterer Quellen, wie im folgenden anhand einiger Hamburger Beispiele angedeutet werden soll. Besonders gut informiert zeigten sich Funktionsträger in Staat und Partei, aber auch in der Wehrmacht. So schrieb Oberst Ernst Ebeling, der Generalstabschef des stellv. Generalkommandos beim 10. Armeekorps in Hamburg, am 22. März 1942 in sein Tagebuch: «Das Töten der Menschen, selbst sadistisches Quälen ist toleriert, wenn es sich um Juden, Polen, Serben oder Russen handelt. Was hat man z. B. mit den evakuierten Hamburger Juden gemacht, die im Osten in ein Ghetto sollten. 8 km von Smolensk sind sie von lettischen Soldaten en masse niedergeknallt.»[128]

Auch einfache Hamburger «Volksgenossen» ohne besondere Beziehungen oder Informationsquellen waren über Gerüchte über das Mordgeschehen informiert. So vermerkte der Hamburger Handwerksmeister Hermann Frielingsdorf am 19. 7. 1942 in seinem Tagebuch: «In den letzten Wochen sind die letzten Juden in Hamburg abtransportiert worden, wohin, weiß man nicht. Aber schaurige Geschichten kursieren darüber im Volke. Sie sollen in Massen an offenen Gräbern oder auf freiem Felde mit Frauen und Kindern durch Massenerschießungen getötet sein. […] Man kann kaum von solchen Greueln mehr hören, es wird einem übel, wenn man davon hört. […] Unsere Taten schreien zum Himmel, u [nd] das d[eutsche] Volk, daß sich diese Untaten lüstern erzählt u[nd] Erschrecken heuchelt, ist das unschuldig an unsern Massengreueln? Nein, das ist es nicht, nur bei einem Volke mit einer solchen kritiklosen Gesinnung können solche Roheitsverbrechen vorkommen.»[129]

Entsprechende Gerüchte erreichten auch die noch in Hamburg verbliebenen Juden, obwohl die jüdischen Funktionsträger der Reichsvereinigung der Juden in Deutschland, wenn sie über entsprechende Informationen verfügten, diese gewöhnlich nicht weitergaben. Edgar Eichholz, der die NS-Herrschaft in Hamburg in einer so genannnten «privilegierten Mischehe» überlebte, notierte in seinen privaten Aufzeichnungen über diese Gerüchte: «Und keiner von diesen Menschen, so wird gesagt, soll noch am leben sein. Über den Minsker Transport und über die Art, wie die Armen umgebracht worden sein sollen, werden die furchtbarsten Schauergeschichten unter den Ariern erzählt.»[130]

Noch immer waren, wie dieses Beispiel zeigt, nicht alle Kommunikationsstränge zwischen Juden und Nichtjuden zerschnitten. Letztere gaben solche Informationen bisweilen als gezielte Warnungen an jüdische Bekannte weiter oder suchten ihr Gewissen zu erleichtern. Über ein solches Beispiel berichtete die ehemalige jüdische Krankenschwester Eva Pfeiffer-Haufrect, die 1942 im Israelitischen Krankenhaus arbeitete: «Und dann erschien bei uns im Krankenhaus ein deutscher Soldat, der einen Nervenzusammenbruch hatte gleich in der Tür und fing an zu schluchzen, dass er jüdische Frauen und Kinder hätte erschießen müssen. Und da ging uns auf, dass sie vielleicht mehr tun als sie umsiedeln.»[131]

Der Informationsfluss über den Massenmord an den europäischen Juden erreichte seit 1942 eine Dimension, die zunehmend Polizei und Staatsanwaltschaft auf den Plan rief, die um Eindämmung der «Gerüchtebildung» bemüht waren und dabei neben dem Heimtücke-Gesetz auch die «Kriegssonderstrafrechtsverordnung» bemühten.[132] Dabei scheuten Richter und Staatsanwälte in zahlreichen Fällen nicht davor zurück, wahre Tatsachenbehauptungen als «Greuellügen» zu bezeichnen und ihnen eine besonders «heimtückische» Qualität zuzumessen. Andererseits scheint in einer nur schwer zu quantifizierenden Zahl von Fällen ein Strafverfahren nicht eingeleitet worden zu sein, sei es, weil die justiziellen Beteiligten um den Massenmord wussten und Informationen darüber nicht wider besseres Wissen als «heimtückisch» einstufen wollten, sei es, weil sie aus taktischen Gründen eine öffentliche Erörterung des Holocaust im Gerichtssaal zu vermeiden suchten. So schreckte die Anklagebehörde am Sondergericht Stuttgart 1943 vor der Strafverfolgung eines Schornsteinfegermeisters zurück, dem Äußerungen wie «In Polen hat man die Juden haufenweise erschossen» nachgewiesen werden konnten. Ein Oberstaatsanwalt begründete diese Zurückhaltung mit dem Satz: «Das über die Behandlung der Juden Gesagte dürfte zur öffentlichen Erörterung ungeeignet sein.»[133]

Dementsprechend uneinheitlich fiel auch die Urteilspraxis der Gerichte über öffentliche Äußerungen zum Holocaust aus, wie die folgende Zusammenstellung einiger Hamburger Fälle zeigt: So verurteilte das Hanseatische Sondergericht einen Gesangslehrer wegen «Heimtücke» zu einem Jahr Gefängnis, der gegenüber einem Bekannten geäußert hatte, «die SS habe in der Tschechei ähnlich gewütet wie in Polen mit den Juden aus Hamburg. Erschießungen etc. am laufenden Band.»[134] «Nur» vier Monate Gefängnis erhielt 1944 ein Angeklagter, der gesagt hatte, dass in der Ukraine Juden «auf grausame Art umgebracht» würden. Anderthalb Jahre Gefängnis hingegen erhielt im gleichen Jahr ein Angeklagter für die sehr viel unbestimmtere Äußerung: «Wozu wird soviel über den Mord an den polnischen Offizieren geredet? Wat hebt se denn mit de Juden mokt?» Sechs Jahre Straflager gar erhielt 1942 ein polnischer Angeklagter für die in keiner Weise konkrete Bemerkung, dass die Deutschen «die Juden schlecht behandelten».

Das Vorgehen der Justiz gegen die Verbreitung von Informationen über den Holocaust steht stellvertretend für den Tabuisierungsdruck, den das NS-Regime ausübte, um die öffentliche Erörterung der Massenmorde zu unterbinden. Die eingeleiteten Strafverfahren lassen jedoch keinerlei Rückschlüsse auf die tatsächliche Verbreitung dieser Informationen in der Bevölkerung zu, und es ist mehr als wahrscheinlich, dass die zur Anklage gebrachten Fälle die kleine Spitze eines riesigen Eisberges repräsentierten.

Wieviele Deutsche vom Massenmord an den europäischen Juden wussten, bleibt eine Frage, die sich niemals quantitativ präzise beantworten lassen wird. Nach 1945 durchgeführte Meinungsumfragen, denen zufolge zwischen 30 und 40 Prozent der befragten Deutschen angaben, vom Mord an den europäischen Juden bis Kriegsende erfahren zu haben[135] – dies waren insgesamt rund 25 Millionen Deutsche – liefern allenfalls einen Anhaltspunkt, vermitteln jedoch insgesamt eine trügerische statistische Scheingenauigkeit. Denn zum einen kann bei Befragungen nie genau ermittelt werden, wie dieses Wissen individuell beschaffen war und wie es der Befragte damals – und nicht aus rückblickender Perspektive – bewertete und einordnete. Zudem sind solche Untersuchungen methodisch nicht in der Lage, das Amnesiepotential dieser den Befragten belastenden und in hohem Maße schuldbesetzten Frage zu ermitteln und zu gewichten, konnte und kann sich doch mancher nicht einmal der eigenen NSDAP-Mitgliedschaft erinnern.[136] Folgerichtig gehen auch die Interpretationen solcher Statistiken weit auseinander.[137]

Während nahezu alle Deutschen von Ereignissen wie dem Novemberpogrom 1938 oder der Deportation der Juden aus dem «Altreich» wussten, kann im Hinblick auf die Massenmorde an Juden lediglich konstatiert werden, dass sehr vielen Deutschen Einzelheiten bekannt waren, hingegen nur wenige die Gesamtheit des komplexen Mordgeschehens überschauten, oder besser gesagt: überschauen wollten. Eine Verdrängung des Holocaust bestand nämlich vor allem in dem weit verbreiteten Mangel an Neugier, über die jeweils bekannten Informationen hinaus sich weitere zu beschaffen, bzw. aus den vorhandenen Informationen auf ein Gesamtbild zu schließen, obwohl gerade dies zu den täglichen Übungen der

«Volksgenossen» in der NS-Dikatur gehörte, die ja über eine Vielzahl von Vorgängen nur unzureichend informiert wurden und beispielsweise aus Meldungen über «planmäßige Frontbegradigungen» Rückschlüsse auf den realen Kriegsverlauf ziehen mussten. Wer bestimmte Äußerungen seiner näheren Umgebung aufmerksam registrierte, konnte – dies zeigt das Beispiel Karl Dürkefäldens – auch ohne Zugang zu exklusiven Informationsquellen wesentliche Aspekte des Holocaust ohne größere Schwierigkeiten erfahren.

5. Nach der Kriegswende 1943: Bestrafungsängste und schlechtes Gewissen

Manche Äußerungen aus der nichtjüdischen deutschen Bevölkerung über den Massenmord hatten bereits 1942 deutlich gemacht, dass der Holocaust den Konsens der «Volksgemeinschaft» in der «Judenfrage» sprengte. So vermerkte der SD in Leipzig im August 1942 Äußerungen wie: «Die Judenfrage konnte Hitler auch anders lösen. Menschlicher! So hatte er es nicht nötig! Außerdem müssen das unsere Deutschen in Amerika büßen. Kein Mensch hat das Recht, ein Volk ausrotten zu wollen.»[138] Mancher wie der zitierte Hamburger Handwerksmeister Frielingsdorf empfand das vielfach bekundete Erschrecken als ‹heuchlerisch›, weil die Bevölkerung dieser Entwicklung den Weg geebnet habe: durch Wegschauen oder sogar Akzeptanz und Mitmachen bei den Verfolgungsmaßnahmen zuvor. Massive Missbilligung und breite öffentliche Kritik waren in der Tat zunächst nicht festzustellen, und Erschrecken und Irritation verdichteten sich 1942 noch nicht zu einer allgemeinen, tiefgreifenden Besorgnis. Denn ungeachtet der militärischen Schwierigkeiten 1941/42 und des Kriegseintritts der USA gingen die meisten Deutschen 1942 noch davon aus, dass der Krieg siegreich beendet werden könnte. Noch am 4. Januar 1943 – die 6. Armee war in Stalingrad bereits seit sechs Wochen eingeschlossen – bezeichnete der Sicherheitsdienst der SS die Haltung der Bevölkerung in einem Lagebericht als «zufriedenstellend und gut»: «Das Vertrauen zum Führer und in die Stärke der deutschen Wehrmacht ist nach wie vor unerschüttert und gefestigt.»[139] Für die Wahrnehmung des Massenmordes spielte die grundsätzliche Siegeserwartung der Deutschen insofern eine wichtige Rolle, als Sieger für Verbrechen und Verfehlungen gewöhnlich nicht zur Verantwortung gezogen werden. «Und haben wir gesiegt, wer fragt uns nach der Methode», hatte Propagandaminister Goebbels diese Haltung in seinem Tagebuch auf den Begriff gebracht.[140]

Nach der Niederlage bei Stalingrad und der Kapitulation der 6. Armee war die Stimmung deutlich umgeschlagen: «Allgemein ist die Überzeugung vorhanden, daß Stalingrad eine Wende des Krieges bedeute.»[141] Jetzt nahm eine Bevölkerungsmehrheit die reale Kriegssituation erstmals ungeschminkt wahr und zog eine Niederlage des «Dritten Reiches» als realistische Möglichkeit in Betracht. Die Kriegswende 1943 gab kritischen Stimmen gegenüber dem Massenmord an den Juden deutlichen Auftrieb, der nun mit Kriegsereignissen verknüpft wurde, die real mit der Verfolgung und Ermordung der Juden in keinerlei Zusammenhang standen.

Dabei spielte der seit Frühjahr 1943 drastisch intensivierte Bombenkrieg der Alliierten gegen deutsche Städte eine Schlüsselrolle. Nach der «Operation Gomorrha» gegen Hamburg im Juli/August 1943 beispielsweise konstatierten Seelsorger ein «Gefühl für Schuld» in der Bevölkerung, und der Hamburger Ostasienkaufmann Lothar de la Camp schrieb in diesem Zusammenhang an seine Bekannten: «Bei aller Wut gegen die Engländer und Amerikaner über die Art ihrer unmenschlichen Kriegführung muß man ganz objektiv feststellen, daß das einfache Volk, der Mittelstand und die übrigen Kreise von sich aus wiederholt Äußerungen unter vier Augen und selbst auch im größeren Kreise machten, die die Angriffe als Vergeltung gegen die Behandlung der Juden durch uns bezeichneten.»[142]

Dutzende von lokalen Berichten aus anderen Städten aus dem Jahre 1943 bestätigten diesen Trend. Viele Menschen führten die Bombardierung von Kirchen auf die Zerstörung von Synagogen während des Novemberpogroms 1938 zurück,[143] weil mit «dieser Aktion gegen die Juden Deutschland damals den Terror begonnen» habe, dessen Maßnahmen gegen die Juden «grundverkehrt» gewesen seien, wie sich Ausgebombte aus Frankfurt gegenüber einem Mitarbeiter des SD ereiferten: «Dabei werden, wie früher schon einmal, Äußerungen laut, daß unsere ganze Einstellung zur Judenfrage, besonders aber ihre Lösung, eine grundverkehrte gewesen sei, deren Folgen und Auswirkungen das deutsche Volk heute ausbaden müsse. Hätte man die Juden im Lande gelassen, würde heute wohl keine Bombe auf Frankfurt fallen.»[144] Andere SD-Stellen berichteten von zahlreichen Äußerungen Ausgebombter, «daß dies die Vergeltung für unser Vorgehen im November 1938 gegen die Juden sei»[145] (SD Würzburg), «daß wenn wir die Juden nicht so schlecht behandelt hätten, wir unter den Terrorangriffen nicht so leiden müßten»[146] (SD Schweinfurt), bzw. «daß es von der Regierung und der NSDAP unverantwortlich gewesen sei, zu derartigen Maßnahmen gegen die Juden zu schreiten»[147] (SD Halle).

Diese Verknüpfung des Bombenkriegs mit der Judenverfolgung entbehrte zwar jeder realen Grundlage, machte aber in einer moralischen Schuld-Sühne-Perspektive Sinn. Sie entsprang einem schlechten Gewissen, das sich in den vielfach geäußerten Bestrafungsängsten und Vergeltungserwartungen offenbarte. «Womit haben wir das verdient?» fragten sich viele nach schweren Bombenangriffen und interpretierten diese als eine Form der moralischen Bestrafung. «Wißt Ihr überhaupt auch, warum unsere Städte bombardiert werden? Weil wir die Juden abgemurkst haben», drückte ein Berliner diese Verknüpfung von Holocaust und Bombenkrieg im November 1943 aus – was ihm eine vierjährige Zuchthausstrafe wegen «Heimtücke» und «Wehrkraftzersetzung» eintrug.[148]

Ähnlich argumentierte der württembergische Landesbischof Theophil Wurm, der die Toten des Bombenkrieges als «Sühnopfer» für den Holocaust begriff. In einem Brief vom 20. Dezember 1943 an den Reichsminister und Chef der Reichskanzlei, Hans Heinrich Lammers, nannte Wurm die «Ausmerzung» der Juden offen beim Namen und bekannte, «daß wir Christen diese Vernichtungspolitik gegen das Judentum als ein schweres und für das deutsche Volk verhängnisvolles Unrecht empfinden». Dann fügte Wurm hinzu: «Unser Volk empfindet vielfach die Leiden, die es durch die feindlichen Fliegerangriffe ertragen muß, als Vergeltung für das, was den Juden angetan worden ist. Das Brennen der Häuser und Kirchen, das Splittern und Krachen in den Bombennächten, die Flucht aus den zerstörten Häusern mit wenigen Habseligkeiten, die Ratlosigkeit im Suchen eines Zufluchtsortes erinnert die Bevölkerung aufs peinlichste an das, was bei früheren Anlässen die Juden erdulden mußten.»[149]

Aus einleuchtenden Gründen suchten die NS-Machthaber eine Verknüpfung von Bombenkrieg und Holocaust zu unterbinden, da ihnen solche Selbstzweifel nicht ins Konzept einer «heroisch» den Feind bekämpfenden «Volksgemeinschaft» passten. Deshalb verwundert es nicht, dass Reichsminister Lammers den Bischof «nachdrücklich» verwarnte und ihm vorwarf, «daß eine Verbreitung solcher Gedankengänge geeignet wäre, den Willen des deutschen Volkes zur wehrhaften Selbstbehauptung zu lähmen.»[150]

Die heftigen Aversionen der Nationalsozialisten gegen die Äußerungen des Bischofs, der in seinem Schreiben an Lammers die Meinung vieler «Volksgenossen» zum Ausdruck gebracht hatte, sollten freilich nicht den Blick darauf verstellen, dass derartige Meinungen nicht nur realpolitisch in die Irre führten, weil die Strategien der Royal Air Force nichts mit der Judenverfolgung zu tun hatten, sondern auch unter moralischen Gesichtspunkten hochproblematisch waren. Denn die Verknüpfung von Bombenkrieg und Holocaust offenbarte eine unterschwellige Aufrechnungsstrategie, in der Bombentote gegen ermordete Juden aufgewogen und damit die qualitativen Unterschiede zwischen eskalierender Kriegführung gegen die Zivilbevölkerung einerseits und systematischem Massenmord andererseits eingeebnet wurden. Schließlich kam es den allierten Bomberbesatzungen auf die weitflächige Zerstörung der gegnerischen Infrastruktur sowie die Terrorisierung und Demoralisierung der Zivilbevölkerung an – und nicht auf deren systematische Ermordung. Überdies befanden sie sich in einer akuten Kampfsituation, die rund die Hälfte der Besatzungen nicht überlebten – insgesamt mehr als 100 000 Personen –, während die Täter der Einsatzgruppen, Polizeibataillone und Vernichtungslager ohne jedes Risiko für das eigene Leben gemordet hatten.

Zudem argumentierten nicht alle, die nach der Kriegswende und dem verstärkten Bombenkrieg Einwände gegen die Judenverfolgung vorbrachten, aus prinzipiell moralischer Perspektive. Manche interpretierten die Luftangriffe nicht als moralische Bestrafung, als ein von den Alliierten ausgeführtes göttliches Strafgericht, sondern als eine typische «Judenrache»[151] – und stimmten insofern mit der antisemitischen Propaganda überein, die genau diesen Eindruck zu erwecken suchte, ohne damit freilich durchschlagenden Erfolg zu haben.[152] In dieser Perspektive bewertete mancher die Deportationen nicht als fundamentales Verbrechen oder als zumindest moralisch fragwürdig, sondern als taktischen «Fehler». Statt die Juden in den Osten zu deportieren – so hieß es bisweilen – hätte man sie besser als Geiseln und lebende Schutzschilde in den Städten belassen: Die SD-Außenstelle Bad Brückenau vermerkte im Mai 1944 in diesem Zusammenhang: «Viele Volksgenossen sind der Meinung, daß die Judenfrage von uns in der ungeschicktesten Weise gelöst worden sei [...] und sicherlich unsere Städte noch unzerstört seien, wenn wir die Juden seinerzeit auch in Ghettos zusammengefaßt hätten. Dadurch würde uns heute ein sehr wirksames Droh- und Gegenmittel zur Verfügung stehen.»[153]

Ähnlich ambivalent fielen die Reaktionen der deutschen Bevölkerung auf die Versuche der NS-Propaganda aus, die Entdeckung der Massengräber in Katyn im Frühjahr 1943 in ausführlichen Berichten als «grauenerregenden Mord» auszuschlachten, der «Aufschluß über den Geist der jüdischen Rasse» gebe. Viele Stimmen aus der Bevölkerung bezeichneten dies offen als «Heuchelei». Augenscheinlich hatte die NS-Propaganda die Kenntnisse unterschätzt, die über deutscherseits verübte Massenerschießungen in der Bevölkerung bestanden. Als «heuchlerisch» erschienen die Berichte jedoch aus zwei geradezu entgegengesetzten Perspektiven: Ein Teil der Bevölkerung hatte die Logik des Vernichtungskrieges so weit verinnerlicht, dass er die plötzlichen humanitären Anwandlungen der Propaganda nicht verstand und die Morde der sowjetischen Geheimpolizei GPU sogar begrüßte, weil diese den Deutschen Arbeit abgenommen habe. Die Morde seien «eben die radikale Aus[löschung] eines gefährlichen Gegners, wie es im Krieg nun einmal [nicht] zu vermeiden ist. Man könne auf dieselbe Linie die Bombenangriffe der Engländer und Amerikaner auf die deutschen [Städte] und letzten Endes auch unseren eigenen Vernichtungskampf gegen das Judentum setzen.»[154]

Dieser Position diametral entgegengesetzt argumentierte jener Teil der Bevölkerung, der die NS-Propaganda als «heuchlerisch» begriff, weil diese die eigenen «barbarischen» Massenverbrechen geflissentlich ignoriere. So berichtete die NSDAP-Parteikanzlei «über die politische Instinktlosigkeit gewisser konfessionell gebundener Kreise» im Juni 1943: «Die Nationalsozialisten hätten gar nicht das Recht, sich über die viehische Abschlachtung aufzuregen. Bei der Bekämpfung der Juden im Osten habe die SS ähnliche Abschlachtungsmethoden angewandt. Die scheußliche und unmenschliche Behandlung, wie sie der Juden durch die SS zuteil geworden wäre, fordert geradezu eine Bestrafung unseres Volkes durch den Herrgott heraus. Wenn diese Ermordungen sich nicht bitter an uns rächen würden, dann gäbe es keine göttliche Gerechtigkeit mehr! Das deutsche Volk habe eine solche Blutschuld auf sich geladen, daß es auf eine Barmherzigkeit und Verzeihung nicht rechnen könne. Alles räche sich bitter auf Erden. Aufgrund dieser barbarischen Methoden sei auch eine humane Kriegführung unserer Gegner nicht mehr möglich.»[155]

Solche Äußerungen aus dem Jahre 1943 waren in den Jahren zuvor nicht zu vernehmen gewesen. Der Umstand, dass in den Lageberichten 1943 mehr über die Judenverfolgung und bestimmte Ereignisse wie den Novemberpogrom 1938 oder die Deportationen 1941/42 zu lesen war als in den Jahren zuvor, hatte weniger mit dem voranschreitenden Morden als vielmehr mit der allgemeinen Kriegslage und der Kriegswende 1943 zu tun. Bedenken gegen die Judenverfolgung wurden nun nicht mehr von Siegesfanfaren übertönt oder konnten als Angelegenheit behandelt werden, die das Gros der Bevölkerung scheinbar nichts anging. Vielmehr gewann die Befürchtung an Boden, dass den Deutschen dafür im Falle einer Kriegsniederlage eine Rechnung präsentiert werden würde, so dass die verstärkten Luftangriffe 1943/44 bereits als eine Art vorgezogene Quittung begriffen wurden.

Bestrafungserwartungen und Vergeltungsängste machten sich in verqueren Schuldprojektionen Luft, für die sich in den Lageberichten zahlreiche Belege finden. Fast alle Teilschritte der Judenverfolgung spiegelten sich getreulich in solchen Schuldprojektionen wider, in denen Täter und Opfer gewissermaßen spiegelverkehrt agierten. So berichtete die SD-Außenstelle Minden im Dezember 1941, knapp drei Monate nach der Einführung des «gelben Sterns» für die deutschen Juden: «Viel wird in der Bevölkerung davon gesprochen, daß alle Deutschen in Amerika zum Zwecke ihrer Erkenntlichkeit ein Hakenkreuz auf der linken Brustseite tragen müssen, nach dem Vorbild, wie hier in Deutschland die Juden gekennzeichnet sind.»[156] Nach der Niederlage von Stalingrad wurde kolportiert bzw. gefürchtet, dass die Gefangenen der 6. Armee «in Vergeltung für angebliche Massenerschießungen von Juden durch Deutsche» getötet werden könnten.[157] Noch kurz vor Kriegsende verbreitete sich in Berlin das Gerücht, «daß in Aachen und Köln den führenden Parteigenossen

S.R.G.G.676

A 1200 – Generalmajor (GOC 20th Flak Division) Captd TUNISIA 9 May 43
A 1201 – Generalmajor (GOC Air Defences TUNIS and BIZERTA) Captd TUNISIA 9 May 43

Information received: 19 Dec 43

GERMAN TEXT

A 1201: (Re BBC midnight news in German): Da haben sie also die ungeheuren Erschiessungen von Juden in POLEN aufgetischt, und die schätzen hier insgesamt an polnischen, bulgarischen, holländischen, dänischen und norwegischen Juden – fünf Millionen massakriert.

A 1200: Wirklich? Ohne die deutschen?

A 1201: Mit den deutschen Juden insgesamt, während der ganzen Zeit. Da wurden nun Beweise gebracht, dass eine Unmasse aus dem Lager sowieso, in der Zeit von sowieso bis sowieso, 15000 da, 18000 da, 12000 da, 6000 usw – ich sage ja, wenn nur 10 % davon stimmt, dann muss man sich ja –

A 1200: Ja, so drei Millionen hätte ich auch gedacht.

A 1201: Ja, wissen Sie, das ist ja doch eine Schande.

A 1200: Na also, jetzt das mit dem Prozess in CHARKOV, das ist auch sehr peinlich für HITLER.

A 1201: Ja. Der Generaloberst (PW) sprach heute von den SEYDLITZ-Leuten. Da sagte er, man müsste ja menschliches Verstehen haben, dass die Leute, die das durchgemacht haben, jetzt versuchen wollten, die Gründe und die Schuldigen dafür zu finden. Wenn sie unter der Seelischen Depression sich nun in diese Richtung wenden, so müsste man das menschlich verstehen können, trotzdem man das verurteilen müsste. Er wollte da irgendwie ein Ablenkungsmanöver machen.

A 1200: Er ist masslos unsicher.

A 1201: Der erste, der hier mit der SEYDLITZ ...... mitmacht, das ist der von IROICH (PW), totsicher. Der hat es heute schon gesagt: "Sofort mache ich mit.

Abhörprotokoll des britischen Geheimdienstes über ein Gespräch zwischen Generalmajor Neuffer (A 1200) und Generalmajor Bassenge (A 1201) in Kriegsgefangenschaft, 19. Dezember 1943

die Köpfe kahlgeschoren wurden und sie so in öffentlichem Umzug durch die Straßen geführt worden seien. Dies sei von den Juden inszeniert worden, die sich auf diese Weise rächen wollten, daß man sie in Deutschland mit dem Judenstern gekennzeichnet habe.»[158] Bizarrer konnten Vergeltungsängste kaum artikuliert werden, die sich mit dem wandelnden Kriegsverlauf ab 1943 immer stärker verbreiteten.

Die Melange aus schlechtem Gewissen, Vergeltungsängsten und Schuldprojektionen artikulierte sich nach 1943 nicht nur an der

«Heimatfront». Solche Einstellungen kennzeichneten auch die Soldaten der Wehrmacht, und waren sogar in der Wehrmachtsgeneralität weit verbreitet, wie heimlich von den Briten abgehörte Gespräche kriegsgefangener Generäle und Stabsoffiziere der Wehrmacht deutlich machten. «Was werden sie sagen, wenn sie unsere Gräber in Polen finden?», fragte Generalmajor Georg Neuffer im Mai 1943 besorgt, auf die Massengräber erschossener Juden anspielend.[159] Im Dezember 1943 gestand er seinem Kollegen, dem Panzergeneral Wilhelm Ritter von Thoma: «Wir haben das vorgestern abend mal zusammengestellt und haben überschätzt, daß nach den ganzen Meldungen bis jetzt fünf Millionen Juden erschossen sein müssen, von uns umgebracht worden sind.»[160] Im Februar 1944 fügte Neuffer in einem Gespräch mit General Bassenge hinzu: «Ich meine, wenn *das* einmal alles 'rauskommt! Das ist ja das Schlimme, das ist ja leider fast alles wahr. Im Gegenteil, die wissen doch gar nicht, was alles *wirklich* passiert ist.»[161]

Tief erschreckt malte sich General Neuffer die Konsequenzen aus, wenn «die» – gemeint waren die Alliierten – von allen Details des Mordgeschehens erführen. Dann stünden die Deutschen vor der Weltöffentlichkeit als Verbrecher am Pranger müssten entsprechende Konsequenzen gewärtigen. Doch nicht nur negative Folgen des Holocaust für die Deutschen schreckten den General; darüber hinaus ließen Neuffer, von Thoma und Bassenge – nachdem sie den Befehlshierarchien von Wehrmacht und «Drittem Reich» entbunden waren – in erstaunlicher Weise eine sichtbare moralische Abscheu gegenüber dem Massenmord an den Juden durchblicken, während ein anderer Teil der kriegsgefangenen Generäle die Morde als «absolute Ausnahmen»[162] bezeichnete, ihre kritische Erörterung als Form der Nestbeschmutzung zurückwies und weiterhin in antjüdischen Kategorien dachte. Insgesamt machten die abgehörten Gespräche deutlich, dass ein allgemeiner Mordkonsens selbst in den höheren Rängen der Wehrmacht nicht bestand und die Diskussion des Holocaust in den Reihen der kriegsgefangenen Stabsoffiziere und Generäle deutlich desintegrierende Wirkungen entfaltete.

Fast spiegelbildlich bildeten sich diese Positionen auch in der Haltung der breiten Masse der Wehrmachtssoldaten ab, die nach ihrer Gefangennahme von den Westalliierten verhört wurden.[163] Einerseits stießen die alliierten Vernehmer in den Gesprächen auf immer noch sichtbare Spuren des antijüdischen Konsenses der «Volksgemeinschaft», darunter eine weit verbreitete Einstellung, nach der «die Juden» für den Krieg verantwortlich gemacht wurden. Andererseits offenbarte sich in den Gesprächen bei vielen deutschen Soldaten ein oft erstaunlich detailliertes Wissen über den Holocaust und damit einhergehend ein weit verbreitetes Bewusstsein deutscher Schuld. Es gebe «ein weit verbreitetes Gefühl für Schuld im Hinblick auf die von den Deutschen begangenen Verbrechen, die, so wird befürchtet, eine unterschiedslose Rache über die deutsche Nation bringen werden», konstatierten britische Vernehmer im Februar 1944.[164] Einen Monat später hieß es in einem Bericht: «Wir treffen oft auf Kriegsgefangene mit einer tiefen Empfindung deutscher Schuld, die fragen *Was für ein Recht haben wir, Gnade zu erwarten nach all den gräßlichen Dingen, die im Namen Deutschlands von Männern in deutscher Uniform begangen wurden?*»[165]

Solche Einsichten führten jedoch keineswegs zu einem allgemeinen Nachlassen der Kampfbereitschaft. Gerade die Kenntnis des eigenen verbrecherischen Vorgehens scheint bei manchem die Angst vor Rache geschürt und die NS-Propaganda plausibel erscheinen lassen, nach der die Deutschen im Falle einer Kriegsniederlage ihre «Versklavung» zu gewärtigen hätten. Eine «Schuldgemeinschaft»[166] herzustellen, die – wenn schon nicht aus ideologischer Überzeugung – so doch mindestens aus Angst vor dem kollektiven Untergang «fanatisch» um den «Endsieg» kämpfen sollte, entsprach zweifellos den Intentionen der NS-Machthaber. So vermerkte Propagandaminister Goebbels am 2. März 1943 – nach der Niederlage von Stalingrad in seinem Tagebuch: «Vor allem in der Judenfrage sind wir ja so festgelegt, daß es für uns gar kein Entrinnen mehr gibt.»[167] Nicht nur der einzelne «Volksgenosse», sondern auch der Propagandaminister vergegenwärtigte sich nach der Kriegswende 1943 die möglichen Konsequenzen einer Kriegsniederlage, und fast meint man, in der Bemerkung über das vergebliche «Entrinnen» ein Bedauern herauszuhören, sich durch die Judenverfolgung so «festgelegt» und jeder Handlungsalternative beraubt zu haben. Dann jedoch gab sich Goebbels in seinem Tagebucheintrag den entschlossenen Ruck nach vorn und fuhr fort: «Und das ist auch gut so. Eine Bewegung und ein Volk, die die Brücken hinter sich abgebrochen haben, kämpfen erfahrungsgemäß viel vorbehaltloser als die, die noch eine Rückzugsmöglichkeit besitzen.» Schon im Juni 1941 hatte der Propagandaminister in der klaren Erkenntnis des eigenen verbrecherischen Handelns vorausgesehen: «Wir haben sowieso soviel auf dem Kerbholz, dass wir siegen müssen.»[168]

Auch Adolf Hitler suchte in Reden der späten Kriegsjahre einen Schulterschluss zwischen deutscher Bevölkerung und NS-Führung im Hinblick auf den Massenmord herzustellen. So begründete er in einer Rede vom 26. Mai 1944 sein «brutales» und «rücksichtsloses» Vorgehen gegen Juden u. a. mit dem Nutzen, den die nichtjüdische Bevölkerung daraus gezogen habe. Durch sein Vorgehen habe er «Hunderttausende von Stellen nun freibekommen», in die er «tüchtige Kinder des Volkes» habe «hineinbringen» können, sodass «Hunderttausende Proletarier- und Bauernkinder in der Zukunft laufend in Stellen hineinwachsen können, die sonst nur vom Juden – einem Fremdkörper – beansprucht worden wären.»[169] Noch im Januar 1945 spielte das SS-Organ «Das Schwarze Korps» auf dieser Klaviatur, indem es die Deutschen an ihre Beteiligung und Nutznießerschaft u. a. an der Judenverfolgung erinnerte und höhnisch feststellte: «Es gibt in Deutschland wirklich keine ‹Unschuldigen›». Der Artikel warnte indirekt die deutsche Bevölkerung, aus dem Nationalsozialismus auszusteigen und sich den Alliierten als «Unschuldslämmer» darzubieten, so der wörtliche Titel des Artikels. Denn schließlich hätte sich – so «Das Schwarze Korps» – die Mehrheit der Deutschen unter dem Nationalsozialismus «sauwohl gefühlt», nicht zuletzt jene, die «keine Bedenken trugen, Judengeschäfte zu arisieren».[170]

Zweifellos war ein nicht unerheblicher Teil der Bevölkerung durch Beteiligung an Judenverfolgung eine Bindung an das NS-Regime eingegangen, die nicht mehr zu lösen war. Dazu gehörten nicht nur die mordenden Direkttäter des Holocaust, sondern auch jene persönlichen Nutznießer der Judenverfolgung, an die das Regime in der zitierten Art und Weise appellierte. Deshalb verwundert es auch nicht, dass der bereits erwähnte Hamburger Edgar Eichholz, der die NS-Herrschaft in einer ‹privilegierten Mischehe› überlebte, in seinen privaten Aufzeichnungen registrierte, dass ein Teil der Bevölkerung dem kommenden Sieg der Alliierten mit großen Befürchtungen entgegensah. Er notierte Anfang 1945, «daß viele, die jüdische Wohnungen und jüdische Sachen übernommen hatten, heute allergrößte Angst haben, die Juden könnten wiederkommen, ihr Eigentum zurückfordern und die Leute noch wegen Raub und Diebstahl zur Rechenschaft ziehen.»[171]

Obwohl die begangenen Verbrechen zweifellos Bindungswirkungen des «Mitgefangen-Mitgehangen» entfalteten und sich zumindest Ansätze einer «Schuldgemeinschaft» abzeichneten, wäre es dennoch problematisch, einen solchen Effekt für die deutsche Bevölkerung insgesamt anzunehmen. Einen deutlichen Hinweis auf das Scheitern der «Schuldgemeinschaft»-Strategie lieferte die Aufnahme der antisemitischen Propaganda in der deutschen Bevölkerung. Schon im Herbst 1941 reagierten die Deutschen auf die zur Flankierung der Deportationen entfachte antisemitische Propagandaoffensive vielfach mit «völliger Apathie» und «weitgehendem Desinteresse», wie ein schwedischer Beobachter notierte.[172] Nach der Kriegswende rief die antisemitische Propaganda nicht nur Ermüdungserscheinungen, sondern sogar Aversionen hervor, weil sie die Bevölkerung an einen schuldbesetzten Zusammenhang erinnerte und Vergeltungsängste aktivierte. Viele Briefe aus der Bevölkerung, die das Propagandaministerium 1943 erreichten, enthielten eine indignierte Kritik der antijüdischen Propaganda, die teilweise als Ablenkung von der tatsächlichen Kriegssituation bezeichnet wurde, und teilweise auch auf Ablehnung stieß, weil die antijüdische Politik und Propaganda eine Bestrafung der Deutschen heraufbeschwöre.[173]

Wie sich in zahlreichen Einzelfällen vor allem von Angehörigen des deutschen Widerstandes nachweisen lässt, beförderte die Kenntnis der Verbrechen vielfach eine Distanz gegenüber dem Regime. Selbst die anfängliche Billigung und sogar persönliche Beteiligung an Verbrechen hielt umgekehrt manchen nicht davon ab, den Umsturzversuch des 20. Juli 1944 zu unterstützen, wie beispielsweise den Berliner Polizeipräsidenten Graf Helldorff, der als SA-Gruppenführer gewalttätige antisemitische Krawalle inszeniert und sich persönlich am Eigentum von Juden bereichert hatte.[174]

Ein prägnantes Einzelbeispiel für den Zusammenhang zwischen der Kenntnis von Verbrechen und wachsender Distanz gegenüber dem Regime bot der Wehrmachtsoffizier Wilm Hosenfeld, der im Zweiten Weltkrieg im besetzten Warschau Dienst tat, wo er Ende 1944 dem jüdischen «Pianisten» Wladislaw Szpilman das Leben rettete, der durch seine Memoiren und Roman Polanskis Film «Der

Pianist» in den letzten Jahren einem breiten Publikum bekannt geworden ist.[175] Schon Ende 1939 wurde Hosenfeld Zeuge brutaler Umsiedlungsmaßnahmen gegen Polen und Juden, die er in einem Brief an seine Frau als «Verbrechen an der Menschheit» bezeichnete: «Wie gern bin ich Soldat gewesen, aber heute möchte ich den grauen Rock in Fetzen reißen.»[176] Gleichzeitig war Hosenfeld, ein Mitglied der NSDAP, zu dieser Zeit immer noch ein begeisterter Anhänger des «Führers», den er in seinen Briefen 1940 als «großes Genie» und «fabelhaften Menschen» bezeichnete.[177] Über längere Zeit zeigte sich Hosenfeld zwischen der moralischen Distanz gegenüber den Verbrechen und der Begeisterung für Hitler und die deutschen Siege hin- und hergerissen. Erst durch die Kenntnis immer neuer Verbrechen, vor allem jedoch durch die sich abzeichnende Kriegsniederlage distanzierte sich Hosenfeld innerlich vom Nationalsozialismus. Dem einst bewunderten «Führer» warf er 1942 «blutigen Dilettantismus» vor, und nach der Niederschlagung des Aufstandes im Warschauer Ghetto 1943 notierte er in seinem Tagebuch: «Diese Bestien. Mit diesem entsetzlichen Judenmassenmord haben wir den Krieg verloren. Eine untilgbare Schande, einen unauslöschlichen Fluch haben wir auf uns gebracht. Wir verdienen keine Gnade. Wir sind alle mitschuldig.»[178] Trotz solcher Auffassungen und der klaren Erkenntnis der bevorstehenden deutschen Niederlage ließ sich Hosenfeld nicht in eine «Schuldgemeinschaft» mit dem NS-Regime verstricken. Statt dessen suchte er Unterdrückte zuvorkommend und menschlich zu behandeln und rettete zwischen August 1944 und der Besetzung Warschaus durch die Rote Armee im Januar 1945 mehreren Juden das Leben.

6. Resümee und Ausblick: Vom schlechten Gewissen zu Schuldabwehr und Aufrechnung

Wenn wir zu unseren Ausgangsüberlegungen zurückkehren und das Verhalten der deutschen Gesellschaft gegenüber der Judenverfolgung systematisch in den Blick nehmen, dann stoßen wir auf einen komplexen Prozess, der sich statischen und eindimensionalen Erklärungen entzieht. So war der Antisemitismus in Deutschland ein Faktor von großer politischer und gesellschaftlicher Bedeutung, der die Judenverfolgung nach 1933 schon allein dadurch beeinflusste, dass sich das NS-Regime in seiner Unterdrückungspolitik stets traditioneller gesellschaftlicher Vorurteile bediente und diese gar programmatisch zum «gesunden Volksempfinden» stilisierte. Unter den Bedingungen von Rechtsstaat und Demokratie vor 1933 war der Antisemitismus jedoch nur bedingt hegemoniefähig und erreichte erst in der *NS-Diktatur* seine volle Wirksamkeit. Andererseits lässt sich die aktive gesellschaftliche Beteiligung an der Judenverfolgung nicht allein mit diktatorischem Anpassungsdruck erklären. Ohne den gesellschaftlichen Antisemitismus, ohne die breite Zustimmung zum NS-Regime und ohne die Möglichkeit, eine Vielzahl gesellschaftlicher Interessen in den Prozess der Judenverfolgung einzubringen, wäre diese nicht so dynamisch verlaufen. Nur das Zusammenwirken der vier genannten Determinanten – Antisemitismus, Interessenanpassung, Interessenaktivierung und Zustimmung zum NS-Regime – vermag gesellschaftliches Verhalten gegenüber Juden nach 1933 in seinem Verlauf und in seinen Motivationen zu erklären.

Im Ergebnis mündete das Zusammenwirken der vier Determinanten um 1938/39 in einen weitgehenden antijüdischen Konsens, dessen Kernpunkt die weit verbreitete Auffassung bildete, dass Juden nicht zur «Volksgemeinschaft» gehörten, sondern als «Fremde» anzusehen waren. Die Politik der legal drapierten Ausplünderung von Juden und deren erzwungene Emigration stieß daher in der Masse der nichtjüdischen Bevölkerung auf keine Vorbehalte; allenfalls der Einsatz offener Gewalt wurde von der Bevölkerungsmehrheit abgelehnt, wie die Reaktionen auf den Novemberpogrom 1938 deutlich machten. Gewalt und Mord markierten jedoch Bruchstellen im antijüdischen Konsens, der durch den nachfolgenden Massenmord endgültig gesprengt wurde. Um es präzise auf den Punkt zu bringen: Der sich schubweise radikalisierende Holocaust lässt sich nicht unmittelbar aus einem allgemeinen Mordkonsens der deutschen Gesellschaft ableiten. Ein weitgehender antijüdischer Konsens reichte bereits aus, der sich mit jenen Elementen verband, die in der Holocaustforschung seit langem als relevant diskutiert werden, u. a. die Entfesselung der Gewalt im Zweiten Weltkrieg, der sich auf deutscher Seite mit ausgreifenden rassistischen Neuordnungsvorstellungen verband, der Radikalantisemitismus der NS-Führung und Hitlers, die unbeschränkten Handlungsmöglichkeiten der beteiligten Institutionen, das spezifische Handlungssetting, in dem die Täter agierten, schließlich für die Gesamtgesellschaft auch eine breite nationale Grundloyalität und die anfängliche Erwartung, den Krieg zu gewinnen und sich damit für keine Handlung jemals rechtfertigen zu müssen.

Erst die sich seit 1943 abzeichnende militärische Niederlage des nationalsozialistischen Deutschlands gab Einwänden und Bedenken deutlichen Auftrieb und offenbarte eine Gefühlsmelange aus Bestrafungserwartungen, Vergeltungsängsten und schlechtem Gewissen. Diese Gefühlsmelange markierte einerseits das Ende des volksgemeinschaftlichen Konsenses in der Judenverfolgung und auch eine implizite Distanz gegenüber dem Nationalsozialismus. Andererseits offenbarte sie bereits eine Schuldabwehr der Bevölkerung, die schon vor 1945 Judenverfolgung, Deportation und Massenmord gegen eigene Kriegsopfer aufrechnete und damit einen zentralen Grundton der öffentlichen Auseinandersetzung der Nachkriegszeit schon vor 1945 anklingen ließ. Das Gros der Bevölkerung fühlte sich 1945 als Opfer und Betrogene, verlassen von einer NS-Führung, die ihnen nicht nur eine totale Kriegsniederlage beschert, sondern auch die moralische Hypothek ungeheurer Massenverbrechen hinterlassen hatte. Da lag es für manchen nahe, sich angesichts des zweifellos vorhandenen eigenen Leids, das er im Bombenkrieg, bei der Flucht oder Vertreibung erlitten hatte, in einem Opfer-Selbstbild einzuigeln und das eigene schlechte Gewissen, wie auch Gefühle der Scham und Schuld mit einer Aufrechnungsstrategie zu betäuben. «Deutschland hat genug gelitten für alle Sünden, die es begangen haben mag», hob ein Bericht der Westalliierten vom November

1945 als verbreitete Meinung unter deutschen Intellektuellen hervor, und zitierte u. a. die Äußerung: «Für jeden Juden, der im Konzentrationslager gestorben ist, sind Dutzende Deutsche bei Luftangriffen umgekommen.»[179]

Nicht selten kam es offenbar vor, dass jüdische Emigranten, die in alliierter Uniform oder als Besucher ins Nachkriegsdeutschland zurückkehrten, auf ehemalige Nachbarn trafen, die derart im Selbstmitleid befangen waren, dass sie keinerlei Empathie für NS-Opfer aufbrachten. «Was wir hier durchgemacht haben, übersteigt jede Vorstellungskraft», zitierte ein nach Palästina ausgewanderter Jude einen solchen Gesprächspartner: «Bitte grüßen Sie ihre verehrte Mutter und richten Sie ihr aus, daß sie klug daran tat, rechtzeitig das Land zu verlassen, und ihr auf diese Weise erspart blieb, die Leiden, die über uns kamen, durchzumachen!»[180]

Zweifellos ging von den nun in ihrer gesamten Dimension öffentlich ausgebreiteten Verbrechen eine kathartische Wirkung aus, die 1945/46 ebenfalls sichtbar wurde und vor allem langfristig ihre Wirkungen entfaltete. Doch waren damit gleichzeitig traditionelle Einstellungen und Orientierungen nicht einfach verschwunden: so zum Beispiel der Antisemitismus, der sich im «Dritten Reich» noch einmal aufgeladen und zeitweise zu einem breiten antijüdischen Konsens verdichtet hatte, der in der Nachkriegszeit noch lange zu spüren war. Insgesamt muss man für die Nachkriegsgesellschaft von einem Anteil von 30–40 % Antisemiten ausgehen.[181] Hinzu kam ein schlechtes Gewissen, dass sich vielfach in Schuldabwehr und Aufrechnung manifestierte. Dies alles summierte sich zu einer Nachkriegshaltung, die latent zwischen Antisemitismus und verschwiemeltem Philosemitismus schwankte und auch die bundesdeutsche Gedenk- und Erinnerungskultur maßgeblich beeinflusste, die noch Jahrzehnte nach Kriegsende die Opfer der NS-Verfolgung und des Holocaust gemeinsam mit den gefallenen Soldaten der Wehrmacht, den Bombentoten und Vertriebenen als «Opfer von Krieg und Gewaltherrschaft» zu bezeichnen pflegte.[182]

Teil II:

Das NS-Regime und das internationale Bekanntwerden seiner Verbrechen

von Dieter Pohl

Seit 1933 löste sich Deutschland Schritt für Schritt aus der internationalen Ordnung. Nach außen hin verließ es zunächst den Völkerbund, dann brach es mit dem Versailler Vertrag, um schließlich einer ungehemmten Annexionspolitik nachzugehen, die bis zum Sommer 1939 durch die Westmächte toleriert wurde. Doch auch nach innen brach es immer mehr mit internationalen Standards. War die Internierung politischer Gegner noch ein Kennzeichen vieler Diktaturen und autoritärer Systeme dieser Zeit, so stellte die immer radikalere Ausgrenzung ganzer Bevölkerungsgruppen ein Novum dar. Judenverfolgung und Zwangssterilisation, Morde in den Konzentrationslagern und die vervielfachte Verhängung der Todesstrafe demonstrierten deutlich, wie das Land den Pfad der Zivilisation verließ.

Ohne Zweifel hatte Deutschland auch die Weltoffenheit der Weimarer Jahre hinter sich gelassen. Zwar berichteten weiterhin ausländische Zeitungen aus dem Reich, der Besucherverkehr und die Möglichkeit zu Auslandsreisen reduzierten sich jedoch allmählich. Objektive Information über das Ausland war in den gleichgeschalteten Medien kaum mehr zu erlangen. Auf der anderen Seite wurden die Vorgänge im Reich durch die internationale Presse relativ aufmerksam verfolgt. Bis zum Ausbruch des Zweiten Weltkrieges waren viele dieser Presseorgane auch in Deutschland zu kaufen – sofern nicht einzelne Ausgaben gezielt beschlagnahmt wurden. Zudem floss vor dem Zweiten Weltkrieg ein breiter Strom ausländischer Besucher ins Reich, die über verschiedenste Vorgänge berichteten, ebenso wie das Personal ausländischer Konsulate und Botschaften in Deutschland, das insgesamt u. a. Tausende Berichte über die Judenverfolgung in Deutschland verfasste und an die Heimatländer sandte.[1]

Die nationalsozialistische Führung war über diese aus ihrer Sicht unerwünschte Publizität durchaus im Bilde. Insbesondere in den ersten Wochen der NS-Herrschaft reagierte sie auf die negative Presse äußerst allergisch. So wurde britische und amerikanische Kritik an den sofort einsetzenden Verfolgungen zum Anlass genommen, um den Boykott gegen jüdische Geschäfte ab dem 1. April 1933 zu organisieren. Viele der SA-Männer, die vor solchen Geschäften postiert waren, trugen um den Hals antisemitische Plakate sowohl in deutscher als auch in englischer Sprache, um so eine Wirkung auf die internationale Bildberichterstattung zu erzielen. Obwohl die Kritik der Weltpresse an den nationalsozialistischen Gewalttaten anhielt, nahm das Regime in der Folge Abstand davon, größere politische Gegenaktionen zu starten.[2] Bei den zuständigen Stellen, allen voran im Propagandaministerium und zunehmend auch im Auswärtigen Amt, ging man ohnehin von der Vorstellung aus, dass die wichtigsten internationalen Presseorgane von einem imaginären «Weltjudentum» gesteuert würden. Gleichzeitig war die NS-Führung jedoch darum bemüht, ausländischen Besuchern und konsularischem Personal in Deutschland ein geschöntes Bild des «neuen» Deutschlands als Land eines friedlichen Aufbaues zu präsentieren. Straf- und Konzentrationslager wurden den internationalen Beobachtern dabei als friedliche Arbeitslager vorgeführt – nicht gänzlich erfolglos, wie beispielsweise der Bericht eines amerikanischen Vizekonsuls zeigt, der 1935 nach einem Besuch der Straflager im Emsland seiner Regierung einen «günstigen Eindruck» übermittelte und die Gefangenen als «gut genährt, gesund und sauber» beschrieb. Ein Vertreter des Internationalen Roten Kreuzes bedankte sich bei Himmler, sein Besuch im Lager Dachau habe «einen sehr günstigen Eindruck hinterlassen».[3]

Erst 1936, im Rahmen der Olympischen Spiele in Deutschland, flaute die antijüdische Propaganda ab.[4] Dafür war nicht allein der Wunsch des Regimes verantwortlich, sein internationales Prestige zu verbessern; darüber hinaus sollten die außenpolitischen Planungen, den Versailler Vertrag zu durchbrechen, nicht durch antisemitischen Aktivismus gefährdet werden, der international für negatives Aufsehen gesorgt hätte. Deshalb konnte das Attentat eines Juden auf den NSDAP-Führer in der Schweiz, Wilhelm Gustloff, das im Februar 1936 zwei Tage vor der Eröffnung der Winterspiele in Garmisch verübt wurde, politisch kaum verwertet werden.[5] Möglicherweise unterblieb aus diesen Gründen sogar ein größerer Pogrom. Freilich sollte man nicht vergessen, dass zwar Propaganda und gewalttätige Verfolgung gegen die Juden im Reich zurückgenommen wurde, die Diskriminierung auf dem Verordnungswege, aber auch im Alltag unvermindert ihren Fortgang nahm.

Unmittelbar nach Beendigung der Olympischen Spiele, seit Oktober 1936, fielen außenpolitische Rücksichten wieder weg. Seit 1937 stand die Judenverfolgung mehr und mehr unter dem Einfluss der Kriegsvorbereitung. Die wirtschaftliche Beraubung der Juden rückte ins Zentrum der Politik und die Schwelle der Gewaltbereitschaft wurde deutlich gesenkt. Und tatsächlich stießen die Gewaltexzesse gegen Juden nach dem «Anschluss» Österreichs im März 1938 und nach der «Kristallnacht» im November auf vehemente internationale Kritik. Etwa die Hälfte der 1.400 amerikanischen Zeitungsberichte, die sich mit der Angliederung Österreichs beschäftigten, thematisierten ausdrücklich die brutale Behandlung der österreichischen Juden. Auf die Gewaltaktionen am 9./10. November, die «Reichskristallnacht», reagierten die westlichen Medien mit einem Aufschrei; allein die amerikanische Presse veröffentlichte über tausend Artikel.[6] Präsident Roosevelt setzte sogar eine Pressekonferenz an, um die Vorgänge in Deutschland zu kritisieren; der US-Botschafter aus Berlin wurde zurückbeordert. Obwohl Hitler sofort mit dem Abzug des deutschen Botschafters konterte, fürchtete man in der NS-Führung einen Bruch der diplomatischen Beziehungen, und damit vor allem der Wirtschaftsverbindungen. Dies wäre im Hinblick auf die Kriegsvorbereitungen äußerst ungelegen gekommen. Zwar erreichten die deutsch-amerikanischen Beziehungen um die Jahreswende 1938/39 einen eisigen Tiefpunkt, zum Bruch kam es bekanntlich jedoch nicht.[7] Wenngleich es der internationalen Politik vor dem Krieg nicht gelungen war, die Judenverfolgung im Deutschen Reich zu verhindern, so besaß sie doch zeitweise einen gewissen mäßigenden Einfluss, oder zumindest hatte sie das Potential dazu.

1. Der Krieg als Deckmantel

Eine völlig neue Konstellation ergab sich mit dem deutschen Angriff auf Polen am 1. September 1939. Unter dem Deckmantel des Krieges verübten deutsche Einheiten Massenmorde großen Stils, kurz danach begann im Reich und im besetzten Polen das Mordprogramm an den Insassen psychiatrischer Anstalten. Obwohl viele dieser Morde in Polen vor den Augen der Öffentlichkeit verübt wurden, war ihre internationale Publizität deutlich geringer als die der Judenverfolgung im Reich bis 1939. Einen Grund dafür kann man sicher im erschwerten Zugang zu solchen Informationen sehen, im Fall der Massenmorde der «Euthanasie» die besonders ausgeprägte Geheimhaltung, die zunächst erfolgreich blieb. Während kleinere, vor allem jüdische Zeitungen relativ ausführlich berichteten, hielten sich die größeren Presseorgane im Westen deutlich zurück. Insbesondere befürchtete man dort, dass es sich bei den Nachrichten möglicherweise um «Gräuelpropaganda» handelte, deren mangelnde Substanz man aus dem Ersten Weltkrieg zu kennen glaubte. So blieb es vor allem der polnischen Exilregierung, die anfangs in Angers, dann in London tätig war, vorbehalten, Nachrichten über die Verbrechen in ihrem Land zu verbreiten. Ihr Widerhall in der internationalen Öffentlichkeit blieb jedoch relativ gering.[8]

Davon war die nationalsozialistische Führung natürlich wenig beeindruckt. Die erste Welle der Massenmorde verebbte um die Jahreswende 1939/40. Bis dahin hatten deutsche Einheiten mehrere Zehntausend Polen und einige Tausend Juden erschossen. Kritik kam weniger aus dem Ausland als vielmehr von einigen Generälen und Offizieren der Wehrmacht. Diese beschwerten sich nicht nur über die exzessive Gewalt, sondern auch über die Kompetenzüberschreitungen von SS und Polizei.

Im Gegensatz zu den Verbrechen in Polen sollten die ersten Massenmorde an deutschen Staatsbürgern, d. h. die Verbrechen der «Euthanasie» an Psychiatriepatienten, streng geheim gehalten werden. Diese Geheimhaltung zielte jedoch fast ausschließlich auf die deutsche Bevölkerung, aus deren Mitte ja die Opfer auch kamen. Trotz teilweise abenteuerlicher Verschleierungsmaßnahmen dauerte es jedoch nur ein halbes Jahr, bis die Kenntnis von diesen Verbrechen im Reich die Runde machte. Das Ausland nahm davon aber nur ganz sporadisch Notiz.

Die nächste große Mordaktion in Polen, die gegen die polnische Führungsschicht gerichtete «Außerordentliche Befriedungsaktion», blieb im Windschatten der weltpolitischen Ereignisse weitgehend unbemerkt. Schon im April nahm die deutsche Polizei ihre Verhaftungs- und Mordaktionen gegen Angehörige der polnischen Intelligenz in den annektierten westpolnischen Regionen wieder auf, im Monat darauf auch im sogenannten Generalgouvernement, den zentralen Gebieten Polens. Über 7000 Polen wurden ermordet.[9] Die Welt schaute jedoch im Mai/Juni 1940 auf den Kriegsschauplatz Westeuropa, wo Hitler Land um Land eroberte, und weniger auf die Vorgänge im besetzten Polen. Ob die Wahl des Zeitpunktes für die Morde an den Polen aber damit zusammenhängt, ist bis heute unklar. Nach einer großen Verhaftungsaktion gegen Professoren der Krakauer Universität im November 1939 hatte es weltweit Proteste gehagelt; ein Teil der Inhaftierten, durchweg angesehene Wissenschaftler, kam auf ausländische Intervention wieder frei. In der Retrospektive erwies sich dieses Zusammentreffen von Krieg und Terror im April/Mai 1940 jedoch als äußerst nützlich, wie der Generalgouverneur in Polen, Hans Frank, betonte: «Am 10. Mai begann die Offensive im Westen, d. h. an diesem Tage erlosch das vorherrschende Interesse der Welt an den Vorgängen hier bei uns.»[10] Demgegenüber wurden die Zustände in den polnischen Großghettos, besonders Warschau und Lodz, in denen die jüdische Bevölkerung unter katastrophalen Bedingungen eingepfercht leben musste, durchaus weltweit bekannt. Dort starben schon im Frühjahr 1941 Zehntausende Menschen, vor allem an schlechter Versorgung mit Lebensmitteln und Medikamenten. Dies galt jedoch als allgemeines trauriges Kennzeichen deutscher Besatzungsherrschaft, und führte nicht zu weitergehenden Protesten.[11] Auch die deutsche Presse berichtete über die Ghettos, aber sie schrieb die dortigen Zustände den Einwohnern und nicht den Folgen deutscher Besatzungspolitik zu.

2. Erste Nachrichten über die Verbrechen in der Sowjetunion

Der eigentliche Beginn der systematischen Massenmorde an Juden wird auf den 22. Juni 1941 datiert, den deutschen Angriff auf die Sowjetunion. Von den Anfängen dieses Feldzuges bis in die letzten Wochen des Krieges im April/Mai 1945 verging nahezu kein Tag, an dem nicht nationalsozialistische Massenverbrechen begangen wurden. Die Führung des Dritten Reiches war davon überzeugt, dass sie den Krieg gegen die Sowjetunion in weniger als drei Monaten siegreich beenden könnte. Somit würden – so die Annahme der deutschen Führung – die dabei geplanten Verbrechen in einer kurzen Phase jenseits der internationalen Aufmerksamkeit stattfinden müssen. Dieses Kalkül ging gleich in mehrfacher Hinsicht nicht auf: der Krieg dauerte schließlich nicht drei Monate, sondern fast vier Jahre; die Massenmorde erreichten erst im September/Oktober 1941 ihren Höhepunkt; und sie wurden weltweit bekannt.

Die präzisesten Beweise für die Verbrechen gelangten in die Hände der britischen Regierung. Ihren Geheimdiensten war es gelungen, den Code für den deutschen Polizeifunk zu knacken. Somit konnten viele der Polizeiberichte über Massenerschießungen dechiffriert werden; später brachen die britischen Spezialisten auch in den Funkverkehr deutscher Konzentrationslager ein. Die deutsche Militär- und Polizeiführung hingegen glaubte, dass ihre «Enigma»-Maschinen nicht zu entschlüsseln seien.[12] Nichtsdestotrotz erließ der Chef der Ordnungspolizei schon am 13. September 1941 Weisung, Meldungen über Massenmorde nicht mehr im Detail per Funk zu senden, sondern mit dem Euphemismus «Aktion nach Kriegsbrauch» zu tarnen.[13]

Die britische Regierung machte von ihrem geheimen Wissen keinen politischen Gebrauch. Zu groß war die Furcht, die deutsche Seite würde bemerken, dass ihr Funkverkehr nicht sicher sei und entsprechende Vorkehrungen treffen. Deshalb entschied Churchill, die Informationen über die Massenmorde geheimzuhalten, um die eigene Kriegsführung nicht zu behindern. Nur ein einziges Mal, in einer Rede vor dem Unterhaus am 24. August, machte er eine Bemerkung über die deutschen Verbrechen: «Hunderttausende –

SLAYING OF JEWS IN GALICIA DEPICTED

Thousands Living There and Others Sent From Hungary Reported Massacred

DEATHS ARE PUT AT 15,000

Many Are Said to Have Been Machine-Gunned—Poverty and Hunger Widespread

Massacres of thousands of Jews deported from Hungary to Galicia and the machine-gunning of more thousands of Galician Jews by German soldiers and Ukrainian bandits are reported in letters reaching Hungary from Galicia and eye-witness accounts of Hungarian officers who have returned since the deportations ended on Aug. 10, according to information received by reliable sources here.

One account by a Hungarian officer told of massacres in the Kamenec-Podolsk region of 2,500 deportees from Hungary, many of whom were originally refugees from other countries, and 8,000 Galician Jews. Other reports place the number of deaths as high as 15,000.

The deportation of Jews from Hungary to Galicia during July and the first part of August is said to have involved 18,000 persons. They are reported to be living in villages scattered along the Dniester River. It is among them and the native populations of the villages that the massacres are said to have taken place.

Reports tell of the victims being machine-gunned as they prayed in their synagogues and of being shot as they fled from their assailants. The deaths are reported to have been so numerous that bodies floated down the Dniester with little attempt made to retrieve and bury them.

These accounts say that Aug. 27 and 28 were declared days of mourning by the deportees.

It is further reported that the Galician Jews are destitute and unable to provide food or medical supplies for the deportees. The plight of the Galician Jews themselves is said to be so serious that they face hunger and other hardships.

Meanwhile, other reports received by cable from Hungary say the deportation of Jews has been resumed. The present Jewish population of Hungary is put at 800,000, including the territory acquired by Hungary in this war.

Bericht über die Deportation und Ermordung von Juden aus Ungarn in der New York Times vom 26. Oktober 1941

wirklich Hundertausende – von Exekutionen werden durchgeführt; deutsche Polizeitruppen ermorden kaltblütig russische Patrioten, die ihr Vaterland verteidigen.»[14]

Doch nicht nur über geheime Kanäle gelangten Nachrichten vom Massenmord ins westliche Ausland. Journalisten aus neutralen und «befreundeten» Ländern waren weiterhin in Deutschland akkreditiert, manche durften sogar in die besetzten Gebiete reisen und von dort berichten.[15] Unter ihnen machten die Gerüchte über die Massaker schnell die Runde. Erste Berichte mit Informationen von den Verbrechen im Osten erschienen bereits im Juli 1941 in kleinen jiddischsprachigen Zeitungen der USA, die einen recht eingeschränkten Leserkreis aufwiesen. Im Spätherbst 1941 war es jedoch durchaus möglich, auch in auflagenstarken Presseorganen über einzelne Großverbrechen wie die Massenerschießungen in Ostgalizien oder in Odessa nachzulesen.[16] Die Berichterstattung blieb recht sporadisch und rief nur selten offizielle Reaktionen hervor. Roosevelt und Churchill traten im Oktober nicht mit einem Protest gegen die Gemetzel in der besetzten Sowjetunion an die Medien, sondern vor allem wegen der Geiselerschießungen in Frankreich, die weltweit Furore machten.[17] Nach dem deutschen Angriff auf die Sowjetunion wurden in Frankreich wie im ganzen besetzten Europa die kommunistischen Untergrundbewegungen aktiviert, die nun mit Anschlägen auf deutsches Personal begannen. Die Besatzungsmacht reagierte brutal, mit exzessiven Geiselerschießungen. Gerade die Massenerschießungen in Frankreich erreichten große Publizität. Diese veranlasste die deutschen Besatzungsbehörden schließlich, die Geiselerschießungen an Franzosen einzustellen und statt dessen Juden, die ohne französische Staatsangehörigkeit im Lande lebten, nach Auschwitz zu deportieren. Das Motiv für diese Taktik lag jedoch weniger in der internationalen Resonanz als vielmehr in dem Bestreben, die französische Öffentlichkeit zu beruhigen und keine Unruhen zu provozieren, die die personell nur schwach ausgestattete deutsche Besatzungsverwaltung in Frankreich vor massive Probleme gestellt hätten.[18]

Ein breites Echo fand in der westlichen Presse auch der Beginn der Deportation von Juden aus dem Reich ab dem 15. Oktober 1941. Diese spielten sich sozusagen vor den Augen der Journalisten aus den USA oder aus neutralen Ländern ab. Zwar versuchte das Propagandaministerium gerade in diesem Zusammenhang, die Arbeit der ausländischen Presse zu behindern.[19] Doch dies gelang nur teilweise. Beim Thema Judenverfolgung stand die Behandlung der mitteleuropäischen Juden, und das hieß ab Spätherbst 1941 ihre Deportation, im Mittelpunkt der Berichterstattung. So berichtete die Neue Zürcher Zeitung fast täglich von den Verschleppungen, ohne jedoch deren genaues Ziel angeben zu können.[20]

Die Kriegserklärung an die USA am 11. Dezember 1941 bildete in diesem Zusammenhang einen tiefen Einschnitt. Auf der einen Seite war die amerikanische Berichterstattung aus dem Reich nun deutlich eingeschränkt; auf der anderen Seite spielten die Vereinigten Staaten im Kalkül der NS-Führung nun eine andere Rolle in der «Judenpolitik». Die Juden, die sich in deutscher Hand befanden, waren insbesondere von Hitler immer als Faustpfand gegenüber dem «Weltjudentum», das seiner Ansicht nach die USA regierte, betrachtet worden. Mit dem deutsch-amerikanischen Krieg trat diese Überlegung deutlich zurück; eine Gegenseitigkeit, also die Möglichkeit zur Einflussnahme auf die US-Regierung, sah das NS-Regime kaum mehr als gegeben an.[21]

Auf ausländische Vorhaltungen wegen der Judenverfolgung reagierte man in Berlin bis Dezember 1941, so lange der Krieg im Osten einigermaßen erfolgreich zu laufen schien, kaum. Erst um die Jahreswende 1941/42 deutete sich ein Wandel an. Entscheidend hierfür war die erste schwere Niederlage der Wehrmacht, die sowjetische Gegenoffensive vor Moskau. Beim Rückzug der deutschen Truppen gingen zahlreiche Akten verloren, die die deutsche Besatzungsmacht schwer belasteten. So konnte die Rote Armee den berüchtigten Befehl in der SS-Reiterbrigade vom 1. August 1941 erbeuten, in dem Himmlers Anordnungen wiedergegeben wurden: «Sämtliche Juden müssen erschossen werden. Judenweiber in die Sümpfe treiben.»[22] Doch auch Dokumente der Wehrmacht wurden auf diese Weise publik, so der bekannte Befehl des Generalfeldmarschalls von Reichenau an seine Truppen, in dem dieser für den Massenmord an den Juden «volles Verständnis» forderte. Im Februar 1942 veröffentlichte die «Prawda» zudem erste erbeutete deutsche Fotos von Massenerschießungen.[23]

Am 7. Januar sandte der sowjetische Außenminister Molotow eine ausführliche Note an alle alliierten Regierungen, die die deutschen Verbrechen schilderte. Allerdings war das Dokument Anfang Dezember fertiggestellt worden und konnte somit nicht mehr die Erbeutung deutscher Akten nutzen.[24] Molotow hatte bereits im August und November 1941 ähnliche Appelle publiziert, die innerhalb der deutschen Führung aber als belanglos abgetan wurden.[25] Anfang 1942 sah sich die NS-Führung hingegen genötigt, sogar öffentlich auf die Beschuldigungen zu reagieren. Obwohl Molotows Note in der deutschen Öffentlichkeit offiziell nicht bekannt war, versuchte der Völkische Beobachter am 8. Januar alle Beschuldigungen mit dem Hinweis abzuwehren, dass in der Sowjetunion 30 Millionen Menschen ermordet worden seien.[26]

Dagegen spielten die Veröffentlichungen von westalliierter Seite kaum eine Rolle im Kalkül der NS-Führung. Seit Ende 1941 berichtete der deutsche Dienst der BBC verstärkt über nationalsozialistische Verbrechen; im Januar 1942 fand eine Konferenz der osteuropäischen Exilregierungen statt, die sich im Londoner St.-James-Palace dieses Thema auf die Tagesordnung setzen wollten. Alle diese Anstrengungen wurden von der deutschen Seite ignoriert.

Nur den wenigsten deutschen Spitzenfunktionären war zu diesem Zeitpunkt bereits klar geworden, dass der Feldzug gegen die Sowjetunion und, mit der Kriegserklärung an die USA, der Krieg insgesamt nicht mehr zu gewinnen war. Bewusst war einem großen Teil der deutschen Funktionäre in Verwaltung, Diplomatie und Militär hingegen, dass Deutschland im Osten längst alle zivilisatorischen Grenzen überschritten hatte. Für den SS- und Polizeisektor sowie für die Besatzungsverwaltungen galt dies ohnehin, waren sie doch die Hauptverantwortlichen für die Massenmorde. Unmittelbar in der Nähe der Tatorte waren die Einheiten und Dienststellen der Wehrmacht stationiert; die Massenerschießungen an Juden, die Aushungerung der sowjetischen Kriegsgefangenen waren weithin bekannt; gerade letzteres stellte ein genuines Verbrechen der Armee dar. Doch auch im Reich oder im übrigen besetzten Europa verbreiteten sich allmählich Informationen darüber, was sich in der Sowjetunion hinter der Front abspielte. Manche Ministerien und Dienststellen erhielten sogar offiziell Abschriften der Mordberichte der Einsatzgruppen.[27] Ansonsten sorgten Feldpostbriefe oder die europaweiten Personalversetzungen und Dienstreisen für eine schnelle Verbreitung der Kenntnis vom Massenmord. Nicht nur bei vielen Deutschen im Reich, sondern auch beim Besatzungspersonal in Norwegen oder Paris waren die «Vorgänge im Osten» oft Tagesgespräch.[28] Dass man für den Völkermord eines Tages zur Rechenschaft gezogen werden könne, dämmerte zwar einigen, wurde aber – trotz der prekären strategischen Lage – um die Jahreswende 1941/42 intern noch kaum thematisiert. Der Leiter der Abteilung Politik in Rosenbergs Ostministerium, Otto Bräutigam, oder führende Besatzungsoffiziere bei der Heeresgruppe Nord, die alle selbst an der Judenverfolgung beteiligt waren, gaben allerdings den Krieg schon Anfang 1942 verloren.[29] Im Offizierskorps des Heeres, aber auch bei den einfachen Mannschaften vermehrten sich zu dieser Zeit die Stimmen der Kritik, die sich gegen die Ermordung vor allem jüdischer Frauen und Kinder richteten.[30] Eine ratlose Kriegführung und ein präzedenzloser Massenmord, das könnte zur Niederlage und zur Bestrafung führen. Und doch halfen viele Heeresdienststellen unverdrossen weiter dabei mit, die letzten Juden im Militärgebiet umzubringen.

3. Totaler Massenmord im Zeichen deutscher Siege 1942

Im Frühjahr 1942 schien sich die strategische Lage wieder zu bessern, bald konnte die Wehrmacht wieder erste Erfolge im Osten vermelden. Die Sommeroffensive 1942 brachte die deutsche Expansion schließlich in ungeahnte Weiten, bis vor Stalingrad. Die Angst vor einer Niederlage war weitgehend verflogen. Genau in dieser Phase erreichte der Massenmord an den Juden seinen Höhepunkt. Im März 1942 begann die nächste große Welle der systematischen Verbrechen an Juden, nun nicht mehr allein mit Massenerschießungen, sondern auch mit Deportationen aus ganz Europa in die Vernichtungslager. Propagandaminister Goebbels notierte, nun müsse man die vermeintliche Gunst der Stunde nutzen:

«Aus dem Generalgouvernement werden jetzt, bei Lublin beginnend, die Juden nach dem Osten abgeschoben. Es wird hier ein ziemlich barbarisches und nicht näher zu beschreibendes Verfahren angewandt und von den Juden selbst bleibt nicht mehr viel übrig […]. Der ehemalige Gauleiter von Wien, der diese Aktion durchführt, tut das mit ziemlicher Umsicht und auch mit einem Verfahren, das nicht allzu auffällig wirkt. […] Gottseidank haben wir jetzt während des Krieges eine ganze Reihe von Möglichkeiten, die uns im Frieden verwehrt werden. Die müssen wir ausnützen.»[31] Nur drei Tage zuvor hatte der zuständige Referent im Auswärtigen Amt selbst betont, dass die «Judenfrage» noch im Verlauf des Krieges «gelöst» werden müsse, nur so könne man einen weltweiten Aufschrei verhindern.[32] Als die alliierten Luftangriffe auf westdeutsche Städte begannen, stimmte Goebbels bei einer Rede in diesem Sinne auch die

'NEW ORDER' DEAD LISTED AT 400,000

175,000,000 More Europeans Held as Hostages in Nazis' Occupation System

IMMEDIATE PLUNDER VAST

Reporter Returning From Reich Estimates It as Equal to Hitler's Rearmament Costs

The writer of the following dispatch, who was stationed in Germany, is among the correspondents who have arrived at Lisbon in the group of United States citizens being exchanged for Axis nationals.

By GLEN M. STADLER,
United Press Correspondent

LISBON, Portugal, May 17— Adolf Hitler's firing squads have killed nearly 400,000 Europeans in the process of looting conquered areas of $36,000,000,000 in cash and goods—equal to the whole cost of Germany's seven years of rearmament, European official and private sources estimate.

Under the Nazi hostage system, 175,000,000 more persons in the occupied countries are subject to death for anti-German deeds with which they need not necessarilly have the slightest connection.

The immediate plunder has been vast, *but the plundered peoples* have not been moved by executions or reduction of their food supplies to help Hitler pound Europe into a single economic and political unit to be exploited primarily for Germany's benefit.

France's Resistance Evident

If occupied France, through which we passed on the way to Lisbon last week, may be taken as typical, the occupying troops are meeting with a sullen, non-cooperative attitude.

Exclusive of Russia, it is estimated that 97,600 persons have been executed—87,500 in Poland, 5,000 in Yugoslavia, 3,000 in Czechoslovakia, 1,500 in France and Belgium, 300 in the Netherlands, 150 in Norway and 150 in Greece.

Eighty thousand were slaughtered in Poland after the fall of Warsaw in reprisal for the alleged murder of 56,000 minority Germans by the Poles.

In Latvia, Estonia and Lithuania the killing of Jews amounted to an open hunt, reliable sources have established. Upward of 100,000 met death in these Baltic States alone, and more than double that many have been executed in Western Russia.

Appropriation of Jewish property, carried out systematically by the Gestapo, has contributed a large part of the $36,000,000,000 of German plunder in the occupied countries, but the exact amount may never be known.

Bericht über die Ermordung von Juden in Russland, Polen u. a. osteuropäischen Ländern in der New York Times vom 18. Mai 1942

Ortsgruppenleiter der NSDAP in Berlin ein: «Die Juden treiben in diesem Kriege ihr frevelhaftes Spiel, und sie werden das mit der Ausrottung ihrer Rasse in Europa und vielleicht weit darüber hinaus bezahlen müssen.» Und er fügte hinzu, ohne dass der Zusammenhang mit den Juden ganz klar erscheint: «Unsere Feinde sind nur noch in der Lage, die fällig gewordene Entwicklung für eine gewisse Zeit in ihrem Lauf zu erschweren.»[33]

Auch die eigentlichen Exekutoren des Massenmordes drängten zur Eile. So schrieb der Organisator der «Euthanasie»-Verbrechen, Viktor Brack, an SS-Chef Himmler, als er Personal für den Mord an den Juden in Polen abstellte: «Bei dieser Gelegenheit vertrat Brigadeführer Globocnik die Auffassung, die ganze Judenaktion so schnell wie nur irgend möglich durchzuführen, damit man nicht eines Tages mitten drin steckenbleibe, wenn irgendwelche Schwierigkeiten ein Abstoppen der Aktion notwendig machen. Sie selbst, Reichsführer, haben mir gegenüber seinerzeit schon die Meinung geäußert, daß man schon aus Gründen der Tarnung so schnell wie möglich arbeiten müsse.»[34] Ein Stopp war freilich nur denkbar, wenn Proteste im Reich auftauchen würden, wie beim vorläufigen Abbruch der «Euthanasie» im August 1941. Die Tarnung galt natürlich auch für das Ausland.

Und tatsächlich dauerte es wieder einige Monate, bis diese Verbrechen international einem breiteren Publikum bekannt wurden. Zum wiederholten Male war es die polnische Untergrundbewegung, die die geheimen Nachrichten nach London übermittelte. Am 9. Juni trat der polnische Exilpremier Sikorski in einer Rundfunkansprache auf und erwähnte erstmals die Massaker an Juden in Lemberg, Wilna und an anderen Orten. Freilich stand für die Exilregierung immer noch das Leiden der nichtjüdischen Polen im Vordergrund, öffentliche Anklagen verzögerten sich und blieben vage.[35] Es war erneut die amerikanische Presse, die ausführlicher, zeitnaher und genauer über die Massenmorde berichtete, obwohl auch amerikanischen Korrespondenten seit Dezember 1941 der Aufenthalt im deutsch besetzten Europa untersagt war. Ende Juni/Anfang Juli 1942 verdichtete sich die internationale Berichterstattung deutlich, in vielen Artikeln kursierte nun die Zahl von einer Million ermordeter Juden, die nicht fern von der Wahrheit lag, wie wir heute wissen.[36]

Im Juli 1942 wurde schließlich auch die letzte Phase der «Endlösung» eingeleitet: In den besetzten polnischen und sowjetischen Gebieten begann die Totalvernichtung der größten jüdischen Ge-

MASSACRE OF JEWS

OVER 1,000,000 DEAD SINCE THE WAR BEGAN

Mr. S. S. SILVERMAN, M.P., speaking yesterday at a conference held by the British Section of the World Jewish Congress in London, said that the Germans were making no secret of their intention to exterminate the Jewish race. Already in countries ruled by Germany over 1,000,000 Jews had lost their lives since the war began, either by being shot or by being made to live in such conditions that they died from epidemics or starvation. Germany apparently thought the extermination of the Jews was good propaganda, for German leaders, and especially Dr. Goebbels, never ceased from drawing attention to this part of the German war aims. Before Jews were killed in Rumania they were compelled to sign a declaration saying they were responsible for the outbreak of the war, and had to accept their punishment for it. The casualties suffered by the Jewish people in Axis-controlled lands already far exceeded the casualties of any other race in any other war.

DR. I. SCHWARZBART, a member of the National Council of Poland, gave figures of the massed slaughter and deaths caused by ill-treatment or starvation of Jews in Poland by the Germans. Asked what could be done now in the matter, he suggested that the Jewish population of Poland was in danger of annihilation, and only immediate reprisals could deter Hitler from carrying on his criminal action. That was the only language he understood.

DR. ERNEST FRISCHER, a member of the Czech State Council, said that the British threat to use gas if the Germans used it against her allies had been most effective, and he advocated a similar method to prevent any further massacres of the Jews.

Bericht über Massakter an Juden in der Times vom 30. Juni 1942

meinden; inzwischen rollten aus ganz Europa täglich Transporte in die Vernichtungslager. Die «Räumung» des Warschauer Ghettos ab dem 22. Juli kann wohl als erstes Massenverbrechen gesehen werden, das *noch während der Ereignisse* international in der Presse bekanntgemacht wurde. Keine sieben Tage später meldete der Toronto Globe korrekt: «Gestapo Plans to Exterminate all Jews in Warsaw Ghetto».[37] Mindestens 265 000 Juden kamen bis zum 12. September per Güterzug ins Vernichtungslager Treblinka, wo sie nach der Ankunft nur noch Minuten oder Stunden zu leben hatten. Und so ging es bis in den Spätherbst weiter. Täglich wurden Zehntausende in den Vernichtungslagern mittels Giftgas umge-

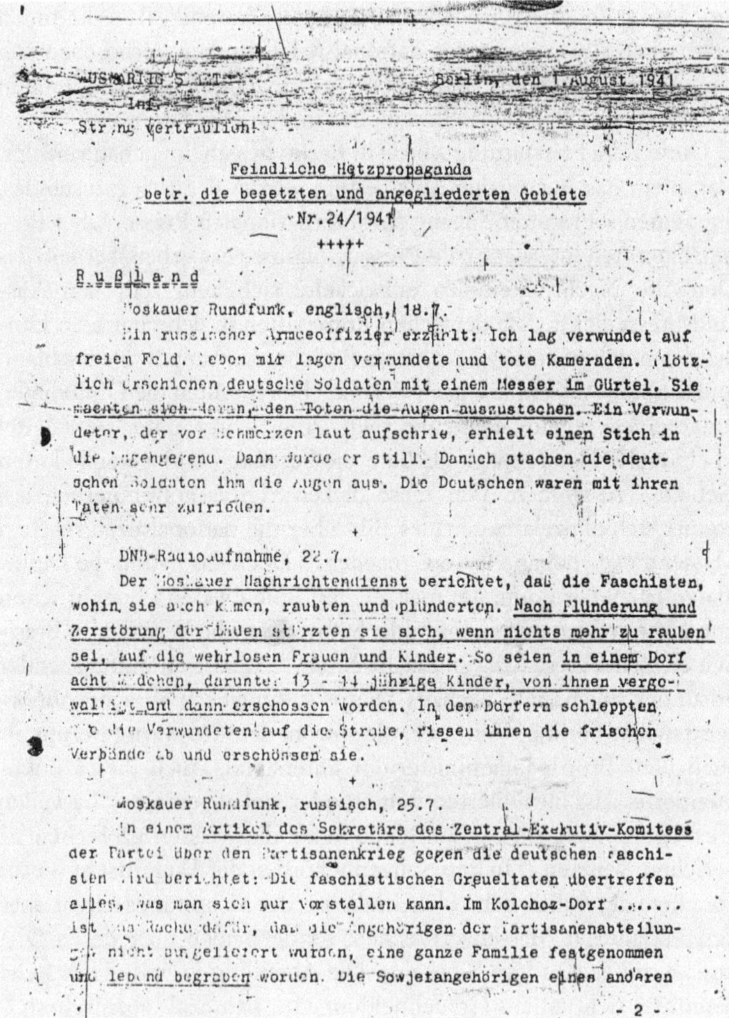

Auswärtiges Amt   Berlin, den 1. August 1941
Inf.
Streng vertraulich!

Feindliche Hetzpropaganda
betr. die besetzten und angegliederten Gebiete
Nr. 24/1941
+++++

R u ß l a n d

Moskauer Rundfunk, englisch, 18.7.
Ein russischer Armeeoffizier erzählt: Ich lag verwundet auf freiem Feld. Neben mir lagen verwundete und tote Kameraden. Plötzlich erschienen deutsche Soldaten mit einem Messer im Gürtel. Sie machten sich daran, den Toten die Augen auszustechen. Ein Verwundeter, der vor Schmerzen laut aufschrie, erhielt einen Stich in die Augengegend. Dann wurde er still. Danach stachen die deutschen Soldaten ihm die Augen aus. Die Deutschen waren mit ihren Taten sehr zufrieden.

+

DNB-Radioaufnahme, 22.7.
Der Moskauer Nachrichtendienst berichtet, daß die Faschisten, wohin sie auch kamen, raubten und plünderten. Nach Plünderung und Zerstörung der Läden stürzten sie sich, wenn nichts mehr zu rauben sei, auf die wehrlosen Frauen und Kinder. So seien in einem Dorf acht Mädchen, darunter 13 - 14 jährige Kinder, von ihnen vergewaltigt und dann erschossen worden. In den Dörfern schleppten sie die Verwundeten auf die Straße, rissen ihnen die frischen Verbände ab und erschossen sie.

+

Moskauer Rundfunk, russisch, 25.7.
In einem Artikel des Sekretärs des Zentral-Exekutiv-Komitees der Partei über den Partisanenkrieg gegen die deutschen Faschisten wird berichtet: Die faschistischen Greueltaten übertreffen alles, was man sich nur vorstellen kann. Im Kolchoz-Dorf .... ist aus Rache dafür, daß die Angehörigen der Partisanenabteilungen nicht ausgeliefert wurden, eine ganze Familie festgenommen und lebend begraben worden. Die Sowjetangehörigen eines anderen

- 2 -

Monatliche Zusammenstellung des Auswärtigen Amtes über «Feindliche Hetzpropaganda» (August 1941)

bracht oder, besonders in Ostpolen, nahe ihrer Heimatstädte erschossen. Eher zufällig fand genau am ersten Tag der Deportationen ins Vernichtungslagers Treblinka, dem 23. Juli, in New York eine große Protestkundgebung amerikanischer Juden gegen den Massenmord statt. In einer Grußadresse betonte Churchill, dass die Juden inzwischen die Hauptopfer nationalsozialistischer Verbrechen seien.[38] Von da an konnte man solche Informationen alle paar Tage in der westlichen Presse nachlesen oder in der BBC hören.

Diese Berichterstattung wurde in Berlin insgeheim genau verfolgt. Vor allem das Auswärtige Amt verfügte, trotz des Kriegszustandes, über einen sehr guten Zugang zur internationalen Presse. Über Portugal konnten internationale Presserzeugnisse erworben werden; das Deutsche Nachrichtenbüro entwickelte sich zum zentralen Auslandspressedienst. Die deutschen Botschaften in den neutralen Ländern sammelten emsig die alliierte Berichterstattung in Deutschland und sandten Ausschnitte nach Berlin.[39] Dort stellten die Diplomaten sogar einen regelmäßigen internen Pressedienst unter dem Titel «Feindliche Hetzpropaganda betr. die besetzten und angegliederten Gebiete» zusammen. Wer diese dicken Hefter kontinuierlich las, konnte sich ein relativ genaues Bild über die nationalsozialistischen Massenmorde in ganz Europa machen.[40] Doch das hatten die Diplomaten gar nicht nötig; die meisten von ihnen waren ohnehin schon durch ihren Dienstalltag im Bilde. Selbst deutsche Vertreter in Brasilien erreichte diese Art von Nachrichten.[41] Alliierte Rundfunksender hörte der sogenannte Seehaus-Dienst systematisch ab, eine Abhörzentrale am Berliner Wannsee, die sowohl dem Auswärtigen Amt als auch dem Propagandaministerium unterstand. Auch dieser dokumentierte, dass die alliierten Radiosender viel allgemeines, bisweilen aber ebenso schockierende Details über die Massenverbrechen zu berichten wussten.[42] In den Spitzenbehörden der Wehrmacht war es vor allem der militärische Geheimdienst, der nicht nur exzellent über den Verlauf der Massenverbrechen, sondern auch über deren Diskussion im Ausland im Bilde war. Die Abteilung Fremde Heere Ost bemühte sich, alle «Gräuelmeldungen» pauschal abzuwehren.[43] Selbst in den Chefetagen vieler deutscher Wirtschaftsunternehmen machten die Nachrichten vom Massenmord bald die Runde; nicht nur die Kontakte zu den Behörden sorgten für den Informationsfluss, sondern auch die eigene Geschäftstätigkeit in den besetzten Ostgebieten.[44]

Der NS-Führung, aber auch vielen Spitzenfunktionären in Bürokratie und Militär war also klar, dass die Menschheitsverbrechen inzwischen große internationale Publizität erreicht hatten. Die

Konsequenzen, die sie daraus zogen, gingen in zwei Richtungen: Einerseits sollte der Massenmord an den Juden beschleunigt werden, andererseits wurde immer wieder auf strengste Geheimhaltung gepocht. Lediglich in Einzelfällen reagierte man konkret auf einzelne alliierte Meldungen. Nachdem der Präsident des World Jewish Congress im November 1942 bekannt gegeben hatte, dass die Nazis die Juden nicht nur massenhaft ermorden, sondern auch noch deren Leichen ausschlachten würden, ordnete Himmler eine interne Untersuchung an, ob tatsächlich ein solcher «Missbrauch» betrieben worden sei.[45]

Insgesamt also wurde die internationale Publizität als unangenehm empfunden, sie trug aber keineswegs zur Milderung der extremen Vernichtungspolitik in dieser Phase bei. Einige Vertreter jüdischer Organisationen betonten deshalb, dass eine Medienkampagne allein nicht ausreichen würde, um dem NS-Regime auch nur ein wenig Einhalt zu gebieten. Vielmehr müssten konkrete Repressalien zur Anwendung kommen. Gedacht war dabei an deutsche Kriegsgefangene oder «Volksdeutsche» in alliiertem Zugriff. Soldaten der Wehrmacht waren allerdings bis November 1942 in großer Zahl nur in sowjetische Hände gefallen. Bekanntermaßen lehnte die NS-Führung jegliche Maßnahmen zugunsten dieser Gefangenen von Anfang an ab, um freie Hand beim Völkerrechtsbruch in der Sowjetunion zu haben. Als sich das Internationale Rote Kreuz im Dezember 1941 darum bemühte, deutsche und sowjetische Kriegsgefangene betreuen zu dürfen, konterte Hitler intern unverblümt, dass dies nicht anginge, weil dann die sowjetische Regierung bemerken würde, dass nicht mehr alle ihrer gefangenen Landsleute am Leben seien.[46] Die deutsche Führung erwartete ohnehin, dass die Mehrzahl gefangener Landser die Kriegsgefangenschaft nicht überleben würde. Umso peinlicher wirkte es auf die deutsche Führung, dass die sowjetische Propaganda im Rundfunk Namenslisten deutscher Gefangener verlas und Briefe aus den Lagern per Flugzeug hinter den deutschen Linien abwarf, wo sie von deutschen Soldaten oftmals weitergereicht wurden. Die gefangenen Wehrmachtsoldaten dienten Stalin zwar als politisches Faustpfand, jedoch nicht als Geiseln, um deutsche Verbrechen zu verhindern. Hitler hatte sie ganz abgeschrieben.

Etwas anders verhielt es sich mit den Wehrmachtangehörigen, die in westalliierte Gefangenschaft geraten waren. Dies war in großem

Ausmaß erst mit der Niederlage in Nordafrika seit November 1942 der Fall. Für diese Gefangenen galt von deutscher wie vor allem von britischer Seite das Prinzip der Gegenseitigkeit. So entbrannte über Drittländer eine deutsch-britische Debatte darüber, ob man die Kriegsgefangenen fesseln dürfe. Nach heftigen gegenseitigen Vorwürfen verzichten beide Länder darauf. Freilich sah sich weder die britische noch später die amerikanische Regierung bereit, deutsche Kriegsgefangene als Geiseln zu nehmen, um deutsche Verbrechen zu verhindern, also faktisch Erschießungen anzudrohen. Dies wurde nie ernsthaft diskutiert.

Nur an einem einzigen Punkt gelang es der alliierten Diplomatie relativ frühzeitig, ein wenig Einfluss auf den deutschen Vernichtungsfeldzug gegen die Juden zu nehmen. Die NS-Führung nämlich war sehr daran interessiert, die kleine Gruppe der Palästinadeutschen, Nachfahren der Templer, aus dem britischen Hoheitsgebiet «heimzuholen». Diese waren von den Briten interniert worden. Im Gegenzug verlangte die britische Regierung, dass Deutschland alle Juden mit Verwandten, die schon länger in Palästina ansässig waren, aus dem deutschen Machtbereich entlassen solle. Und tatsächlich begann die Gestapo nun damit, solche Juden ausfindig zu machen. Da sich jedoch nicht ausreichend solche Personen fanden, wurden nun auch Juden mit Verwandtschaft in neutralen Ländern in die Suche einbezogen. Nur einem kleinen Teil der Juden gelang schließlich die Ausreise in neutrale Länder. Die meisten scheiterten daran, dass sie gefälschte Papiere vorlegten, die von den jeweiligen Staaten nicht anerkannt wurden. Viele wurden ermordet, nur einige überlebten im Konzentrationslager Bergen-Belsen.[47] Ähnlich scheiterten erste Versuche jüdischer Organisationen, Juden gegen Devisen freizukaufen, welche das Deutsche Reich für die Kriegsführung dringend benötigte. Allein die ausländischen Juden, die aus neutralen oder außereuropäischen Staaten stammten, blieben von den Massenmorden ausgenommen. Galten Großbritannien oder die USA als Herkunftsland, so reichte schon ein Nachweis der Geburt in diesem Land als Schutz aus.

Während die Massenmorde im Sommer und Herbst 1942 ihre maximalen Dimensionen erreichten, war die Interventionsmöglichkeit des Auslandes also denkbar gering. Zum einen zeigte sich die deutsche Führung fanatisch entschlossen, die Juden in ihrem Macht-

Bericht über die Ermordung der Juden in der Times vom 4. Dezember 1942

Imperial and Foreign

NAZI WAR ON JEWS

DELIBERATE PLAN FOR EXTERMINATION

From Our Diplomatic Correspondent

Recent evidence from Berlin and from Poland itself leaves no doubt that the German authorities are dealing with the Polish Jews more drastically and more savagely than ever before. For some weeks London has recognized, on the basis of independent evidence, that the worst of Hitler's threats was being literally applied and that, quite apart from the widespread murders, the Polish Jews had been condemned to subsist in conditions which must steadily lead to their extermination. The recent evidence raises a grave question: how far has the process been deliberately expedited?

The reports from Berlin give the bleakest possible picture. A Swedish correspondent there reported at the end of last month that, under a recent German order, the entire Polish General-Government would be "Jew free" by December 1. The Warsaw ghetto alone would remain. The rest of the Jews in the General-Government—estimated by the official *Institut für Deutsche Ostarbeit* to number 1,700,000 at the end of 1940—would be liquidated, which means either transported eastward in cattle trucks to an unknown destination or killed where they stood. To this total must be added the Jews who were in the western Polish territories declared to be annexed to the Reich, numbering 632,000 in all; with Polish families they have been driven eastward since the Germans first invaded Poland.

14 GHETTO TOWNS

In the eastern territories—again quoting reports from Berlin—the Jews must live in 14 ghetto towns. The Swedish *Vestmanlands Läns Tidningen* prints its Berlin correspondent's report on the specific German orders:—

> No Jew may leave the ghetto towns without permission. Infringements will be punished with death. Help given to Jews outside the town, offering them shelter, food, &c., will also be punished with death.

The Berlin correspondent of the *Sydsvenska Dagbladet* adds:—

> According to the regulation in connexion with Jewish ghettos, persons who know of infringements to this regulation and omit to inform the police are liable to be sent to a concentration camp. Aryans who do not leave the towns designated for ghettos at the prescribed time, or visit the ghetto without a permit, are to be punished with a fine up to 1,000 zloty or with imprisonment up to three months.

This correspondent reports that Lublin, which formerly had 313,000 Jews in its administrative district, is to be cleared at the shortest notice. These factual accounts have to be read against the background of Hitler's recent and apparently irrelevant outbursts against the Jews—for example, in his letter to Pétain and in his recent speeches.

According to a memorandum which has just reached this country from the underground labour groups in Poland—it was compiled there little more than a month ago—the Poles themselves believe that few of the Jews who are sent east in cattle trucks, crowded together without food, survive the journey. The memorandum states:—

> One of the war aims of Hitler's régime, and one which has been publicly proclaimed by its highest authorities, is a complete extermination of Jews wherever the rapacious hand of German Fascism has made its way. All other war aims of Nazism will fail in the end—and the defeat of German Fascism is inevitable—but this particular aim, a complete extermination of Jews, is already being enforced.

On the Germans' own showing, indeed, according to their own boasts, terrible measures are now being applied. It appears that the veil across the whole truth is only now being drawn aside.

BRUTALITY TO JEWS IN NORWAY

SWEDISH BISHOPS' PROTEST

FROM OUR CORRESPONDENT

STOCKHOLM, DEC. 3

A manifesto signed by all the Swedish bishops was published to-day. It condemns racial persecution and exhorts all Swedish Christians to include the tortured Jews in their daily prayers.

"With horror and dismay (it declares) we have learned that the un-Christian racial hatred which has spread through various countries like a deadly infection has now given rise to revolting acts of violence among our neighbours in the Scandinavian peninsula. Stirred to the depths, we have listened to the plain words addressed by our oppressed Norwegian sister Church to the wielders of power in Norway, warning them not to contravene God's clear words by using violence in blind racial hatred. Whatever we can do to aid the unfortunate victims of this hatred it is our simple duty, as Christians and human beings, to do.

The Norwegian Press has not been allowed to mention last week's deportation of 1,000 Jews to Poland, but the details that have become known strengthen the first impression of wanton brutality. As the Jews in Norway did not exceed one-twentieth of one per cent. of the population no stretch of imagination could represent them as a "minority problem."

According to first-hand accounts received here the police and Quisling's *hirdmen* raided private Jewish dwellings in Oslo and also Jewish hospitals, lunatic asylums, and homes for the aged, telling the inmates to bring with them clothes, blankets, and enough food for four days. Children and sick and aged persons were hurried off in taxicabs to the waiting 9,000-ton ship, where heart-rending scenes occurred as wives were separated from their husbands, and children from their parents.

Reports from various sources agree that many members of the Quisling party disapproved of the brutal treatment of the Jews and even tried to resign from the party in protest.

MOURNING BY JEWS IN PALESTINE

FROM OUR CORRESPONDENT

JERUSALEM, DEC. 3

A fast from dawn to dusk was decreed for all Jews in Palestine yesterday, with a stoppage of work everywhere except in war industries from noon onwards as an act of mourning and intercession for the persecuted Jews in Europe. The leaders of the United Nations were implored by the Vaad Leumi to do their utmost to prevent the slaughter of Jews and to warn the Germans that Jewish blood would be on their heads. The Chief Rabbi broadcast to all creeds and nations a plea for speedy and effective help, for the setting up of an international body charged with that end, and for the opening of their gates to all those persecuted by the Nazis, particularly children.

A GENERAL JOINS THE FIGHTING FRENCH

General de Lavallade, chief of the French military mission in Brazil, has announced that he is joining Fighting France.

General de Lavallade served in the colonial artillery and was an instructor at the *Ecole de Guerre*. He saw service in most of the French colonies, including Indo-China and West Africa.

bereich restlos zu ermorden, zum andern hatte dieser Machtbereich genau zu diesem Zeitpunkt seine maximale Ausdehnung gefunden. Letzteres begann allerdings Ende 1942 zu bröckeln. Seit dem 19. November 1942 war die deutsche 6. Armee bei Stalingrad eingekesselt.

4. Reaktionen nach Stalingrad

Genau in diese Phase fiel die erste konzertierte Aktion der Alliierten, das Schicksal der europäischen Juden offiziell bekannt zu machen. Bis dahin hatten die Regierungen in Washington und London nur sehr zögerlich auf die Nachrichten vom Völkermord reagiert. Viele Berichte wurden als wenig glaubwürdig eingestuft, zumal wenn sie von jüdischer Seite stammten. Zudem hüteten sich die Westalliierten davor, durch groß angelegte Rettungspläne erneut – wie schon 1938 – angesichts der eigenen restriktiven Immigrationspolitik ein «Flüchtlingsproblem» zu schaffen.[48] Seit Ende November 1942 verstärkte der World Jewish Congress seine Bemühungen um eine Stellungnahme von offizieller Seite. Am 17. Dezember schließlich, nach eineinhalb Jahren ununterbrochenen Mordens, erfolgte eine offizielle Erklärung elf alliierter Nationen zur völligen Ausrottung der europäischen Juden durch NS-Deutschland. Nahezu täglich berichteten die wichtigsten britischen und amerikanischen Zeitungen zu dieser Zeit über die NS-Verbrechen.[49] Bekanntlich schloss sich auch der Papst in einigen Passagen seiner Weihnachtsansprache 1942 vorsichtig diesen Interventionen an. Dies wurde von deutschen Stellen bisweilen genauer registriert als von den katholischen Gläubigen weltweit.

Während die deutsche Bevölkerung von den Protesten nur bruchstückhaft erfuhr, wenn sie zufällig beim «Schwarzhören» der BBC den richtigen Zeitpunkt erwischte, sah sich Propagandaminister Goebbels zu einer internen Stellungnahme genötigt. Es ist bezeichnend, dass er in geschlossener Versammlung die alliierte Presse an einem Punkt in zynischer Manier korrigierte: In Polen seien nicht 2,5 Mio. Juden umgebracht worden, wie man im Westen nachlesen könne, sondern «nur» 2,3 Mio.[50] Zeitweise erwog man im Propagandaministerium, als Gegenmaßnahme stalinistische Verbrechen im

Baltikum aus den Jahren 1940/41 groß herauszustellen, eine offizielle Stellungnahme unterblieb jedoch.[51]

Mit der Schlacht von Stalingrad hatte sich die deutsche Vernichtungspolitik zwar nicht gewandelt, fand jetzt aber unter geänderten Vorzeichen statt. Nun drohte der Vormarsch der Roten Armee und zugleich die breite Aufdeckung der deutschen Verbrechen im Osten. Zwar konnten sich wohl nur die wenigsten NS-Führer schon damals vorstellen, dass die Rote Armee bis ins Reich vordringen würde, aber zugleich ging die langfristige Zukunftsperspektive eines siegreichen Dritten Reiches verloren. Während gigantische Umsiedlungs- und Mordszenarien wie der «Generalplan Ost» in den Schubladen verschwanden, hielt man jedoch unvermindert an dem Ziel fest, Europa «judenfrei» zu machen, wie es in der Sprache der Täter hieß. Goebbels notierte selbst von einem Gespräch mit Göring, dass man sich in der «Judenfrage» festgelegt und somit alle Brücken hinter sich abgebrochen habe. Wenn Deutschland den Krieg verliert, dann würde es nicht nur wegen der Ermordung der Juden selbst vernichtet werden.[52] Allem Anschein nach wurde in der NS-Führung festgelegt, dass die europäischen Juden in deutschem Zugriff bis August/September 1943 ermordet sein sollten, mit der Ausnahme kriegswichtiger Arbeitskräfte.

Zur Mobilisierung der Bevölkerung, in der sich zunehmend Zweifel am «Endsieg» breit machten, ordnete Hitler im Verein mit Goebbels eine groß angelegte Propagandakampagne an, die die zwei zentralen ideologischen Momente in sich vereinen sollte: den Antisemitismus und den Antibolschewismus. Während letzteres sicher eine tiefgreifende Wirkung auf die Bevölkerung hatte, diente der Antisemitismus in erster Linie zur Mobilisierung des eigenen Apparates. Den Funktionären sollte unterschwellig klargemacht werden, dass sich «die Juden» im Falle einer Kriegsniederlage furchtbar rächen würden.

Der Vormarsch der Roten Armee am Südflügel der Front war von einer breiten sowjetischen Pressekampagne über die Aufdeckung deutscher Verbrechen begleitet. Zwar wurde dabei zusehends vernebelt, dass es sich bei der Mehrzahl der ermordeten Zivilisten um Juden handelte, doch die Informationen über die Umstände deutscher Massaker gestalteten sich immer konkreter. Schon bei der Offensive vor Moskau im Dezember 1941 war die Rote Armee auf unmittelbare Spuren deutscher Verbrechen gestoßen, so besonders auf der Krim, und hatte Massengräber mit NS-Opfern entdeckt.[53] Doch mit der Rückeroberung des Kaukasus ab Januar/Februar 1943 ermittelten sowjetische Behörden fast in jeder größeren Stadt ein oder mehrere Massengräber und publizierten diese Entdeckungen in großer Aufmachung. Nun waren die Leichen von NS-Opfern in der Presse abgebildet; die grausame Wirklichkeit der deutschen Besatzung trat noch deutlicher ans Licht.

Propagandaminister Goebbels sah sich schon in der Defensive, als ihm offensichtlich ein Zufall ein Instrument der Gegenpropaganda in die Hände spielte: Anfang April 1943 entdeckten deutsche Wehrmachtangehörige nach Hinweisen aus der Bevölkerung bei dem Dorf Katyn ein Massengrab mit etwa 4500 Leichen von Opfern der sowjetischen Geheimpolizei. Dieser Fund hatte für die deutsche Führung eine doppelte Bedeutung: Als sich herausstellte, dass die Opfer polnische Kriegsgefangene waren, konnte ein tiefer Keil zwischen die Sowjetunion und die polnische Exilregierung getrieben werden. Auf der anderen Seite sollte die nun anlaufende Propagandakampagne der deutschen (und auch der polnischen) Bevölkerung klarmachen, was ihnen bei einem Einmarsch der Roten Armee drohte.

Die Katyn-Kampagne beruhte nicht allein auf dem Zufall, dass man ein Massengrab aufgefunden hatte. Dass das sowjetische NKWD Hunderttausende Menschen erschossen hatte, war zu diesem Zeitpunkt bereits allgemein bekannt. Darüber hinaus waren unter deutscher Besatzung schon seit Sommer 1941 verschiedentlich andere solcher Grabstätten entdeckt worden, so etwa das große Gräberfeld in Bykiwnja bei Kiew, wo die sowjetische Polizei seit 1937 Zehntausende Erschießungsopfer verscharrt hatte.[54] Nicht selten meldeten sich Einheimische, die Angehörige im Stalinismus verloren hatten, unmittelbar nach der Besetzung durch die Deutschen und wiesen auf solche Stätten des Massenmordes hin. Doch nach der Propagandakampagne um die NKWD-Massaker vom Juni 1941 wurden diese Funde nicht mehr verwertet, öffentliche Trauerkundgebungen sogar untersagt. Offensichtlich fürchteten deutsche Stellen, dass eine Publizierung entsprechender Informationen propagandistisch leicht ins Gegenteil umschlagen würde, während man selbst Massenmorde in gigantischem Ausmaß verübte. Selbst ein so radikaler Funktionär wie der Reichskommissar für das Ostland, Hinrich

Lohse, fragte angesichts Tausender Opfer, die bei einer einzigen deutschen «Bandenaktion» umgebracht wurden: «Was ist dagegen Katyn?»[55] Inoffiziell lautete jedoch die Sprachregelung, man wolle nicht zu viel über bolschewistische Verbrechen veröffentlichen, um nicht die Angehörigen der deutschen Soldaten zu beunruhigen, die in sowjetische Gefangenschaft geraten waren.[56]

Die Katyn-Propaganda war jedoch nicht nur an die Polen und die deutsche Bevölkerung gerichtet, sie war bald international angelegt, wie die Einrichtung einer Untersuchungsaktion mit Experten aus neutralen und befreundeten Ländern zeigte. Damit sollte erreicht werden, dass sowjetische Meldungen über die Entdeckung von Gräbern mit Opfern der deutschen Besatzung unglaubwürdig erschienen, d. h. auch diese Opfer sollten dem Bolschewismus in die Schuhe geschoben werden. Bekanntermaßen griff die sowjetische Führung im Fall Katyn dann unter umgekehrten Vorzeichen zum selben Mittel.

Schon bald ließ die Wirkung der Katyn-Propaganda nach. Da schien die Meldung, auch rumänische Behörden, die den Südwesten der Ukraine besetzt hielten, hätten bei Odessa ein ähnliches Massengrab wie in Katyn entdeckt, der deutschen Führung gerade recht zu kommen.[57] Noch bevor eine Neuauflage der Propagandakampagne in Gang gesetzt werden konnte, zogen die Rumänen jedoch die Notbremse. Offensichtlich hatte eine erste Untersuchung des Massengrabes ergeben, dass darin nicht Opfer des NKWD, sondern Juden lagen, die um die Jahreswende 1941/42 von rumänischen Einheiten ermordet worden waren. Zu allem Überfluss hatte man die Propagandameldungen schon frühzeitig in den Westen lanciert, wo sie durch schwedische Zeitungen publik gemacht wurden. Die deutsche Diplomatie reagierte ungehalten über das ungeschickte Verhalten ihres rumänischen Verbündeten: «Gerade mit Rücksicht auf Katyn ist ein überlegtes und vorsichtiges Vorgehen am Platze.»[58]

Insgesamt hatte die rumänische Führung damit das Gegenteil dessen erreicht, was sie auf internationalem Parkett eigentlich vorhatte. Ursprünglich hatte das Regime des Marschalls Antonescu zwar parallel zu Hitler einen Vernichtungsfeldzug gegen die Juden in der Bukowina, Bessarabien und im Raum Odessa betrieben, der schätzungsweise 350 000 Menschen das Leben kostete. Doch schon im August/September 1942, also noch vor der deutsch(-rumänischen) Niederlage von Stalingrad, begann Antonescu einen Kurswechsel weg von Hitler einzuleiten und ordnete den Stopp der Massaker an Juden an. Die US-Regierung hatte mit Repressalien gedroht, falls die Morde fortgesetzt würden. Noch stärker war jedoch der Druck der inner-rumänischen Opposition, die weiterhin existierte.[59] Nun galt es, alle Spuren der eigenen Verbrechen zu tilgen. Selbst im internen Umgang, in seinen Kabinettssitzungen, gab Antonescu vor, nichts von den Massenmorden zu wissen, die er 1941 selbst angeordnet hatte.[60] Doch schon damals waren die Informationen an die internationale Presse gelangt. Der deutsche Gesandte berichtete zwar noch 1944, dass Antonescu die Juden loswerden wolle: «Auf radikale Maßnahmen will er sich wegen ungünstiger propagandistischer Auswirkung auf Feindstaaten, auf Grund Einstellung maßgebender rumänischer Kreise [...] nicht einlassen.»[61] Rumänien wechselte 1944 tatsächlich die Seiten zu den Alliierten, jedoch erst nach dem Sturz des Antonescu-Regimes.

Gründlicher als die Rumänen wollte hingegen die deutsche Führung die Spuren der Massenmorde im Osten verwischen. Schon nach der Schlacht von Moskau im Dezember 1941 wurde intern darüber diskutiert, dass bei Vorstößen der Roten Armee die Massengräber mit ermordeten Juden entdeckt werden könnten. Während des Jahres 1942 beschäftigten sich die einschlägigen «Experten» jedoch weniger mit den Gebieten in Frontnähe als vielmehr mit den Massengräbern in den Vernichtungslagern. In Auschwitz und in den weniger bekannten Vernichtungslagern der «Aktion Reinhardt» (Belzec, Sobibor, Treblinka) wurden die Leichen nach den Mordaktionen zunächst vergraben, ab Herbst 1942 jedoch wieder enterdet und anschließend verbrannt.

Erst im Frühjahr 1943, nicht zufällig im Kontext sowjetischer Presseveröffentlichungen und der anschließenden Katyn-Kampagne, begann die eigentliche Organisierung der Spurenbeseitigung. Die Sicherheitspolizei stellte sogenannte Sonderkommandos «1005» auf, die zunächst bei den örtlichen Polizeistellen anfragten, wo denn die Massengräber zu finden seien. Anschließend wurden Zwangsarbeiter, meist Juden oder Kriegsgefangene, gezwungen, die Totenstätten zu öffnen und die Leichen zu verbrennen. Ab August 1943 begann diese grauenvolle Tätigkeit in Weißrussland und in der Ukraine, dann bald in vielen osteuropäischen Regionen. Eigentlich unterlag diese Aktion strengster Geheimhaltung, doch ließ sie sich

E u r o p ä i s c h e J u d e n b i l a n z . Die Verminderung des Judentums in Europa dürfte damit bereits an 4 Millionen Köpfe betragen. Höhere Judenbestände zählen auf dem europ. Kontinent (neben Rußland mit etwa 4 Mill.) nur noch Ungarn (750 000) und Rumänien (302 000), vielleicht noch Frankreich. Berücksichtigt man neben dem angeführten Rückgang die jüdische Auswanderung und den jüdischen Sterbeüberschuß

-7-

10

in den außerdeutschen Staaten Mittel- und Westeuropas, aber auch die unbedingt vorkommenden Doppelzählungen infolge der jüdischen Fluktuation, dann dürfte die Verminderung des Judentums in Europa von 1937 bis Anfang 1943 auf 4 1/2 Millionen zu schätzen sein. Dabei konnte von den Todesfällen der sowjet-russischen Juden in den besetzten Ostgebieten nur ein Teil erfaßt werden, während diejenigen im übrigen europäischen Rußland und an der Front überhaupt nicht enthalten sind. Dazu kommen die Wanderungsströme der Juden innerhalb Rußlands in den asiatischen Bereich hinüber. Auch der Wanderungsstrom der Juden aus den europäischen Ländern außerhalb des deutschen Einflußbereichs nach Übersee ist eine weitgehend unbekannte Größe.

Insgesamt dürfte das europäische Judentum seit 1933, also im ersten Jahrzehnt der nationalsozialistischen Machtentfaltung, bald die Hälfte seines Bestandes verloren haben. Davon ist wieder nur etwa die Hälfte, also ein Viertel des europäischen Gesamtbestandes von 1937, den anderen Erdteilen zugeflossen.

SS-Statistik, 31. März 1943, Bericht des SS-Statistikers Korherr, der bis zu diesem Zeitpunkt in ganz Europa Millionen jüdische Opfer aufführt.

im regionalen Rahmen kaum verbergen. Angesichts des beschleunigten Vormarsches der sowjetischen Truppen schlug die Verwischung der Spuren weitgehend fehl. Nicht selten mussten die Kommandos bei Annäherung der Front fluchtartig die Tatorte verlassen, und selbst nach Verbrennung der Leichen konnten immer noch Asche und Knochenreste identifiziert werden.[62]

Trotz des Risikos, dass die Propaganda mit Massengräbern der «anderen» in sich barg, wurde diese Form des Antibolschewismus weiterhin als zweckmäßig angesehen. Nach Katyn kam nun nicht Odessa an die Reihe, sondern Winniza. Dort war ein Massengrab mit Opfern gefunden worden, die während des stalinistischen «Großen Terrors» 1937/38 ermordet worden waren. Wiederum richtete sich die einschlägige Publikationskampagne nicht nur an die deutsche und die ukrainische Bevölkerung, sondern besonders an das neutrale Ausland. Die NS-Führung war besorgt, dass die sowjetischen Veröffentlichungen über deutsche Verbrechen dort auf fruchtbaren Boden fallen könnten und wollte dem entgegensteuern.[63]

Zur gleichen Zeit, ab September 1943, drohte die deutsche militärische Lage im Osten allmählich außer Kontrolle zu geraten. Nach dem Scheitern der letzten deutschen Initiative, der Panzerschlacht von Kursk, drängte die Rote Armee die deutschen Truppen in periodischen Angriffswellen durch die Ukraine zurück. Gerade in diesen Gebieten waren Hunderttausende Juden erschossen worden und noch mehr sowjetische Kriegsgefangene verhungert. Lapidar vermerkte der Propagandaminister, was er erwartete: «Große Massengräber werden die Sowjets bei Roslawl finden.»[64]

5. Die alliierte Drohung mit Bestrafung

Nun stand auch den meisten deutschen Funktionären die Gefahr vor Augen, für ihre Verbrechen bestraft zu werden. Im Januar 1943, auf dem Treffen von Casablanca, hatten die Westalliierten darauf bestanden, dass es mit dem Deutschen Reich keinen Verhandlungsfrieden geben dürfe, sondern nur die bedingungslose Kapitulation. Damit entfiel jeglicher politischer Handlungsspielraum für die deutsche Seite. Gleichzeitig verstärkten sich die alliierten Drohungen, dass die deutschen Kriegsverbrecher bestraft werden würden. Roosevelt selbst kündigte dies zunächst für die hauptverantwortlichen deutschen Politiker an.[65] Doch bald sollte der Kreis weiter gezogen werden. Schon im Juni 1942 hatte Churchill vorgeschlagen, eine interalliierte Kriegsverbrecherkommission zu bilden. Freilich entzündeten sich daran langwierige interalliierte Querelen. So kritisierte die sowjetische Seite, dass die Briten nicht den Hitler-Stellvertreter Rudolf Hess vor Gericht stellten, der sich seit Mai 1941 in ihrem Gewahrsam befand. Der Verdacht, dass die Regierung Churchill ein diplomatisches Spiel mit dem hochrangigen Gefangenen spielte, war nicht von der Hand zu weisen. Stalin verfolgte in der Frage der deutschen Verbrechen unterdessen weiterhin seinen eigenen Weg. Im November 1942 ließ er eine Außerordentliche Staatskommission zur Untersuchung der deutschen Verbrechen einrichten. Als sich die Westalliierten schließlich im Oktober 1943 auf die Einrichtung der United Nations War Crimes Commission verständigten, blieb Moskau dann fern.[66] Diese alliierten Interna blieben der deutschen Führung weitgehend verborgen, nicht aber die großen Treffen der Anti-Hitler-Koalition. Erstmals trafen sich im September/Oktober 1943 alle Hauptalliierten, zunächst auf der Moskauer Außenministerkonferenz. In einer der so genannten Moskauer Erklärungen wurde die Bestrafung der Kriegsverbrecher konkret vereinbart und festgeschrieben. Sie sollte zunächst von jedem Land in eigener Regie und erst später gemeinsam gegen die sogenannten Hauptkriegsverbrecher durchgeführt werden.[67] Die NS-Spitze reagierte zunächst kaum auf diese Erklärung. Goebbels glaubte lediglich kontern zu müssen, die Briten hätten selbst zahllose Verbrechen im kolonialen Indien begangen.[68]

Der Ton änderte sich jedoch, als die Sowjetführung tatsächlich binnen kurzem einen ersten Prozess gegen deutsche NS-Täter abhielt. Es war nicht das erste Strafverfahren dieser Art. Schon seit Frühjahr 1942 liefen geheime NKWD-Prozesse gegen Einheimische, gegen echte oder angebliche Kollaborateure bei NS-Verbrechen; im Juli 1943 wurde daraus zum ersten Mal ein Propagandaspektakel gemacht, das weltweite Publizität erlangte. Immerhin saßen beim Verfahren in Krasnodar, der größten Stadt des nördlichen Kaukasus, mehrere einheimische Hilfskräfte des Sonderkommandos 10a der deutschen Sicherheitspolizei auf der Anklagebank, denen die Beteiligung an Massenmorden in der Region zum Vorwurf gemacht wurde.[69]

Die deutsche Führung trat erst dann auf den Plan, als im Dezember 1943 mehrere mittlere deutsche Chargen in Charkow öffentlich

DEATH SENTENCES AT KHARKOV

FOUR PRISONERS HANGED

FROM OUR SPECIAL CORRESPONDENT

KHARKOV, DEC. 19

Sentence of death by hanging was declared late last night by the military tribunal of General Tolbukhin's fourth Ukrainian front on the three German prisoners of war and one Soviet citizen who pleaded guilty to atrocities on Soviet citizens and Soviet prisoners. All the German prisoners condemned the Nazi régime.

The open trial took place in a Kharkov theatre and lasted four days. The whole of the proceedings was translated into German, and eminent Soviet lawyers defended the criminals. More than 6,000 Kharkov inhabitants attended the trial. The curfew was lifted so that the audience crowding the hall last night could stay to hear the sentence, which they greeted with applause.

The Moscow wireless announces that the four accused in the Kharkov trial were hanged in the public square at Kharkov at 11 o'clock yesterday morning. Forty thousand people witnessed the execution.

The four accused were:—Corporal Reinhardt Retzlav, 36, of the 560th Group of German Secret Field Police; Hans Ritz, 24, assistant commander of the Gestapo at Kharkov; Captain Wilhelm Langheld, 52, an officer in the German Military Secret Service; and Mikhail Bulanov, a Russian, who acted as chauffeur to the Germans at Kharkov.

The charge against the three Germans was that during the temporary German occupation of Kharkov this year they took part in the "mass brutal extermination of peaceful Soviet citizens" by means of gas vans and other methods. Bulanov was accused of helping the Germans.

Resuming his evidence in the closing stages Heinisch, German commissar for Melitopol, said the German Government's decision to bring the "death van" into use in occupied Russia was announced at a conference of regional commissioners presided over by Lieutenant-General of the S.S. von Alvensleben. Lethal gas chambers had been in regular use in camps in Germany for some time previously, he added.

BEARD TORN OUT

Retzlav described how a Russian's beard was torn out bit by bit to force him to confess that he was a guerrilla. Another prisoner was beaten with rubber truncheons and then pricked with a red-hot needle to force a confession. Both the men, though innocent, were later suffocated in a gas chamber.

In cross-examination, Retzlav said that during his training as a secret police official he was taught that Russians should be beaten on all occasions. Any Russian coming up for examination should be beaten first and questioned afterwards.. At Zhitomir, where he stayed from June to September of this year, he reckoned that from five to eight thousand people were put to death, perhaps more.

At other towns in which he worked, he said, he estimated the number of persons killed to be 35,000 at Kiev, 4,000 at Lubny, and 2,000 at Pereyaslav. He could not say how many lost their lives at Poltava.

In reply to the president, Retzlav said the prisoners entered the lethal chamber quietly because they did not know where they were being taken. Occasionally people struggled, in which case sticks or rifle butts were used to make them climb up into the lorry. Bodies of victims of the lethal chamber were usually burnt.

Mikhail Bulanov, the only Russian prisoner, in cross-examination, stated that he worked as a lorry driver for the police, and regularly took prisoners to execution outside Kharkov.

Bulanov said he drove a "killing lorry" at least 20 times from January to July, 1942, and he reckoned that he had carried 600 victims, perhaps even more.

His wages were 90 marks. In addition he was given his rations, working clothes, and sometimes he was allowed to help himself to the prisoners' clothing, the bulk of which was packed up for dispatch to Germany.

"So, for 90 marks a month you turned traitor to your country and assisted in the worst bestialities of its enemies?" asked the president.

"I admit that," Bulanov replied.—*Reuter*.

Bericht über die Verhängung der Todesstrafe gegen deutsche Kriegsverbrecher von einem sowjetischen Militärtribunal in Charkow in der Times vom 20. Dezember 1943

vor ein Militärgericht gestellt wurden. Es handelte sich dabei um eher subalternes Personal. Das ganze Verfahren lief zwar deutlich nach dem Muster stalinistischer Schauprozesse ab; jedoch waren so-

Berliner Ausgabe „Freiheit und Brot" Berliner Ausgabe

350. Ausg. / 56. Jahrg. / Einzelpreis 15 Pf. / Auswärts 20 Pf. Berlin, Donnerstag, 16. Dezember 1943

VÖLKISCHER BEOBACHTER

Kampfblatt der nationalsozialistischen Bewegung Großdeutschlands

In Selbstbekenntnissen entlarvt:

Churchill, der Kriegsverbrecher

Von Alfred Rosenberg

Küsten südlich Kertsch fest in unserer Hand

Großer Waffenerfolg der rumänischen Verbände – Hohe Verluste der Sowjets

Völkischer Beobachter vom 16. Dezember 1943

gar westliche Journalisten zugelassen und die Anklagevorwürfe entsprachen den Verbrechen, die in der Ukraine tatsächlich begangen worden waren. Besonders wurde in der internationalen Presseberichterstattung das Mordinstrument Gaswagen hervorgehoben, das im Verfahren eine wichtige Rolle spielte. Wie vorherzusehen war, wurden alle Angeklagten zum Tode verurteilt und vor laufenden Wochenschau-Kameras in Charkow erhängt.[70]

Propagandaminister Goebbels war anscheinend drauf und dran, ein breites Dementi gegen die in Charkow erhobenen Vorwürfe zu veröffentlichen, unterließ dies dann aber.[71] Statt dessen titelte der Völkische Beobachter am 16. Dezember, dem Tag der Urteilverkündung in Charkow: «Churchill, der Kriegsverbrecher». Alfred Rosenberg, der Verfasser des Artikels, war als Minister für die Ostgebiete besonders von den sowjetischen Strafverfahren betroffen.[72] Hitler kam auf die Idee, man solle im Gegenzug angebliche Kriegsverbrecher unter den *westlichen* Kriegsgefangenen in deutscher Hand suchen und diese zum Tode verurteilen: «Der Führer hat anläßlich des Charkower Prozesses den Generalfeldmarschall Keitel beauftragt, nach solchen Fällen zu forschen und sie zusammenzustellen.»[73] Bezüglich der sowjetischen Kriegsgefangenen erwartete man sich keine Effekte von Repressalien, waren diese ohnehin schon massenhaft ermordet worden; zudem zeigte sich die sowjetische Regierung am Schicksal ihrer Landsleute desinteressiert, die sie gar als «Vaterlandsverräter» betrachtete.

Die offene Drohung mit Prozessen gegen westalliierte Kriegsgefangene zeigte durchaus Wirkung. Besonders unter einigen britischen und amerikanischen Publizisten wurde das Vorpreschen der Sowjetunion in der Frage der Kriegsverbrecherprozesse kritisiert, weil dadurch möglicherweise westalliierte Soldaten in Gefahr gebracht werden könnten. Goebbels rieb sich die Hände, sein Kalkül schien aufzugehen.[74] Das Ergebnis der Nachforschungen in deutschen Kriegsgefangenenlagern blieb allerdings mager: Man benannte einige britische Fallschirmjäger, die in Norwegen ein Bergwerk gesprengt hatten, als potentielle Angeklagte und ließ die Idee dann fallen. Die sowjetischen Behörden setzten die Prozesse gegen deutsche Gefangene bis Kriegsende aus, obwohl sie zuhauf schwer Belastete in ihren Lagern ermittelt hatten. Ein noch für 1944 in Kiew geplanter Prozess wurde schließlich bis zum Jahresende 1945 verschoben.[75]

Tatsächlich war das Ausmaß der nationalsozialistischen Massenmorde ab November 1943 deutlich zurückgegangen. Dies lag allerdings nicht an der Einwirkung der Alliierten, sondern an der Entwicklung der NS-Vernichtungspolitik. Im September 1943 war die «Endlösung der Judenfrage» aus Sicht der NS-Führung weitgehend abgeschlossen. Die Mehrheit der Juden unter deutscher Herrschaft war bereits ermordet worden. Auf die jüdischen Minderheiten in Ungarn und Rumänien hatte man keinen direkten Zugriff, diese wurden von den einheimischen Verwaltungen zwar geplündert und drangsaliert, aber nicht oder nicht mehr ermordet. In Dänemark schien es so, als ob die nationale und auch die internationale Stimmung auf die Judenverfolgung einwirken konnte. Letztendlich gelang es den meisten dänischen Juden, nicht zuletzt auch dank eines Winkes aus der deutschen Besatzungsverwaltung, nach Schweden zu fliehen. Hierbei spielte auch die Haltung der schwedischen Presse und Regierung, die man als Rüstungslieferant nicht verprellen wollte, eine gewisse Rolle.

(16)

- Wir unterbrechen ihn:

- War es also eine allgemeine Verordnung oder nicht? Es ist schwer anzunehmen, dass unterstellte Fuehrer die Verantwortung fuer solche Gewalttaten uebernhemen sollen, ohne von oben gedecht zu sein.....

- Vielleicht gab es jemanden von oben, der die Vernichtung verordnet hat. Aber ich glaube nicht, dass sie eine totale Vernichtung verfolgten.

- Und was glauben Sie: Die am Leben Gebliebenen haben eine Chance Ende des Krieges am Leben zu bleiben? Werden sie ueberleben koennen die trueben Zeiten des Umschwunges, der sicherlich kommen wird?

Herr X. antwortet mit einer ueberraschenden Promptheit:

-Ja, ich bin davon ueberzeugt, dass diese ueberleben werden. Vor einigen Wochen ist eine Verordnung von Himmler in diesem Sinne ausgegeben worden. Die Tendenz ist sichtbar. Man will die juedischen Arbeitskraefte schonen. Wahrend der zwei letzten Monate wurden die kleineren Lager liquidiert und die arbeitsfaehigen Juden aus der Provinz hat man um die industriellen Zentren konzentriert.

- Welchem Umstande ist dieser Wechsel zuzuschreiben?

- Ich glaube, das ist der Intervention der wirtschaftsstellen zuzu~~steilen~~ schreiben. Ich habe z.B. auch den Wirtschaftsstellen berichtet, dass die juedischen Arbeitskraefte durchschnittlich 40% mehr produzieren, als die Polen. Das Reich wurde in der letzten Zeit militaerisch mehr und mehr belastet. Man musste Hunderttausende, Millionen von der Arbeit entziehen. Die Wirtschaft darf aber darunger nicht leiden. So ist es zur Verordnung Himmlers gekommen.

- Und wird diese Verordnung respektiert?

- Also: ungefaehr, lautet die aufrichtige Antwort.

Schauen Sie: Diese SS-Fuehrer koennen sich schwer abgewoennen, taeglich einige 10 oder 100 Juden zu ershiessen. Die Lage der in Kriegsbetrieben beschaeftigten Juden ist aber anders als diejenige der in Ghetti konzentrierten. Sie stehen gewissermassen unter dem Schutz der militaerischen Inspektoere dieser Betriebe und die Wahrmacht hat sich nicht identifiziert mit den Methoden der S.S. Ich weiss von vielen Stellen, wo deutsche Soldaten juedisches Leben gerettet haben. Die Wehrmacht willte sich nicht dem Befehl unterwerfen, die juedischen Gefangenen der Roten Armeee zu erschiessen. Sie sagten: Kriegsgefangene sind Kriegsgefangene. Nach schwerer Muehe hat die S.S es durchgesetzt, dass man die juedischen Gefangenen ihnen ausliefern soll. Dann hat man sie erschossen. Man hat sie geprueft: Wenn sie beschnitten waren, so waren sie erledigt. Auch die juedische Zivilbevoelkerung der besetzten Gebiete im Osten.

- Wie hoch schaetzen Sie die Zahl der seit dem Ausbruch des Krieges ermordeten Juden?

- Das ist schwer festzustellen - sagt er. Ich kann nur von der Zahl sprechen, die mir die S.S.-Fuehrer angegeben haben. Die sprechen von 4 - 4½ Millionen, aber ich halte diese Zahl fuer uebertrieben. Sie ruehmen sich naemlich mit diesen Zahlen. Der eine behauptet, in einem Nachmittag sollte er 18.000 Juden erledigt haben. Der andere uebertrumpft mit einer anderen aehnlichen Geschichte. Eine reelle Ziffer kann also schwerlich angegeben werden.

Herr X. bestellt inzwischen Schnaps und bietet uns an. Wir beide, Schmuel und ich, trinken die Glaeser zitternd aus. Unsere innere Aufregung und Spannung sucht sich Luft zu machen:

HerrX., verzeihen Sie uns, Wir sitzen da und hoeren Sie an mit scheinbarer Ruhe. Wollen Sie aber wissen, dass wir innerlich garnicht so ruhig sind......

Herr X. hat die Bemerkung misverstanden. Er bestrebt sich, uns zu versichern, dass wir ihm gegenueber volles Vertrauen haben koennen. Nimmt seine Papiere heraus und will sich legitimieren. Nur schwer kann er davon ueberzeugt werden, dass unsere Unruhe andere Ursachen hat, als die Furcht vor ihm. Nun legt er aber Gewicht darauf, dass wir seine Legitimationen ueberpruefen sollen. Es ist ein Pass, dann eine Legitimation mit Photographie vonder obersten militaerischen Stelle in Polen, nach der er "Kriegsbetriebsleiter" ist und als solcher volle Verkehrsfreiheit hat ueber das ganze besetzte Gebiet. Dann zeigt er uns einen Brief. Oben gedrucht ungefaehr folgender Text:"Juedisches Zwangsarbeitslager bei Z.- S.S.- und Polizeifuehrer". - Der Brief ist von diesem Jahre datiert, ist an Herrn X gerichtet und schreibt folgendes: Die juedischen Arbeiter muessen laut den bestehenden Verordnungen von ihren Arbeitsplaetzen - in diesem Falle von der Fabrik - zu ihrem Lager von Wachen mit schussbereiten Waffen begleitet werden. Der unterzeichnete

9

«Bekenntnisse des Herrn X», Budapest, November 1943 (Gespräch ungarischer Zionisten mit einem deutschen Unternehmer, wahrscheinlich Oskar Schindler): Millionen polnischer Juden vernichtet.

Ein deutliches Signal für den Abschluss des Völkermordes setzten auch die zahlreichen Geheimreden Himmlers ab Oktober 1943, in denen er vor wechselndem Publikum den Massenmord zu begründen suchte. Nicht nur SS-Führern und Gauleitern galten diese Veranstaltungen, sondern auch die deutsche Generalität und Admiralität hörte sich an, wie Himmler unter anderem den Massenmord an Kindern zu legitimieren suchte, welcher nicht unumstritten war. Damit wurden diese Vertreter der Eliten sozusagen offiziell über das in Kenntnis gesetzt, was sie oftmals ohnehin schon wussten. Dem Ausland und der eigenen Bevölkerung konnte und wollte man die eigenen Motive für den Massenmord nicht erklären, den eigenen Führungskräften jedoch sehr wohl.[76]

Zweifellos wurde auch um die Jahreswende 1943/44 und danach noch in großen Dimensionen gemordet. So stieg die Zahl der Häftlinge in den Konzentrationslagern kontinuierlich an. Vor allem aber musste die sowjetische Zivilbevölkerung weiterhin maßlos leiden. Bei den deutschen «Bandenunternehmen», sprich: brutalen Anti-Partisanenoperationen, die sich vor allem gegen die Zivilbevölkerung richteten, wurden jeden Monat Tausende erschossen. Millionen Einheimischer verschleppte die Besatzungsmacht zwangsweise bei ihrem Rückzug aus der Sowjetunion, sie mussten in Trecks westwärts marschieren, wobei eine unbekannte Anzahl von Menschen umkam. Doch dies wurde von den internationalen Medien kaum wahrgenommen; selbst die gesteuerte Sowjetpresse schwieg sich weitgehend aus. Vielmehr berichteten die Medien nun nicht mehr über *gegenwärtige*, sondern über *vergangene* Verbrechen der Nazis.

6. Der Kampf um das Leben der Juden Ungarns

Dies sollte sich mit einem Schlag ändern. Am 19. März 1944 marschierten deutsche Truppen kampflos ins verbündete Ungarn ein. Mit ihnen kam ein Kommando unter Adolf Eichmann ins Land, das sich mit größter Energie an die schnelle Konzentrierung und Deportation der Juden in Ungarn und den von Ungarn annektierten Gebieten machte. Mit dem deutschen Einmarsch wurde die «Endlösung» sozusagen wieder eröffnet. Denn erst die Annäherung der sowjetischen Truppen an die ungarische Ostgrenze setzte die deutsche Vernichtungsmaschinerie in Gang. Die deutsche Führung betrachtete die ungarischen Juden als Gefahr im Hinterland dieser Front; gleichzeitig sahen die radikalen ungarischen Antisemiten ihre Stunde gekommen.

Erstmals stand nicht nur der deutschen Führung, sondern auch den Alliierten vor Augen, was passieren würde. Man schätzte, dass das Leben von etwa einer Million Juden in direkter Gefahr war. US-Präsident Roosevelt veröffentlichte unmittelbar nach dem Einmarsch eine Warnung, dass keiner, der sich am Judenmord beteiligt, unbestraft bleiben würde. Bekanntlich verhallte dieser Ruf in Ungarn zunächst ungehört. Eichmanns Team deportierte unter aktiver Mithilfe ungarischer Beamter in nur sieben Wochen 438 000 Juden nach Auschwitz, von denen drei Viertel sofort nach ihrer Ankunft im Lager umgebracht wurden.[77]

Die britischen und amerikanischen Zeitungen berichteten kontinuierlich über die Verfolgung und Deportation der Juden in Ungarn, ähnlich wie 1942 bezüglich Warschau, doch in einem viel breiteren Ausmaß. Nun wurden auch Rettungsmaßnahmen offen diskutiert, freilich ohne größeres Ergebnis.[78] Der deutsche Propagandaapparat fühlte sich genötigt, ausführlich eine Gegenposition zu beziehen. Schon seit langem hatte die deutsche Presse auf das vermeintlich offene «Judenproblem» in Ungarn hingewiesen, das nun, seit Frühjahr 1944, überraschend einer «Lösung» zugeführt werde. Erstmals konnten also die Leser sowohl im deutschen wie auch im westalliierten Machtbereich eine Mordaktion kontinuierlich mitverfolgen, wenn auch die NS-kontrollierten Medien ihre uneigentliche Sprache beibehielten.[79]

Noch deutlicher wurde die Brisanz der Vorgänge durch die ersten detaillierten Berichte der westlichen Zeitungen über das Vernichtungslager Auschwitz. Seit März, besonders aber seit Juni 1944 kamen immer mehr Details über die Massenmorde im Lager ans Tageslicht. Nicht die beiden jüdischen Flüchtlinge Vrba und Wetzler, deren detaillierter Bericht über Auschwitz später eine große Bedeutung erlangte, sondern die polnische Exilregierung in London war die Quelle dieser erschütternden Informationen.[80] Dem konnte die NS-Propaganda kaum etwas entgegensetzen und sie schwieg sich dazu wohlweislich aus.

Dennoch war zweifelsohne ein internationales Propaganda- und

SAVAGE BLOWS HIT JEWS IN HUNGARY

80,000 Reported Sent to Murder Camps in Poland—Non-Jews Protest in Vain

By JOSEPH M. LEVY

By Cable to THE NEW YORK TIMES.

ISTANBUL, Turkey, May 17 — The first act in a program of mass extermination of Jews in Hungary is over, and 80,000 Jews of the Carpathian provinces have already disappeared. They have been sent to murder camps in Poland. This action was ordered by the Sztojay government and carried out by the newly appointed Governor of those provinces, Field Marshal Andreas Vincze.

According to official reports from Hungary, one gathers that the present Magyar puppet rulers are devoting all their time to fighting the Jewish community. In all fairness to the people of Hungary, it should be stated that the vast majority of the masses abhor the atrocities committed upon their Jewish compatriots, most of whose ancestors lived in Hungary for centuries and played an important role in the country's social, economic and political life.

It should be remembered, also, that 50,000 non-Jewish liberal Hungarians who themselves are held in concentration camps cannot protest.

It is a small clique of adventurers and opportunists now at the helm of the Government and the army that is perpetrating these acts. There is no doubt that this clique has acquired a fairly large number of followers, nor is it surprising that the numbers of such sympathizers are growing, especially since scores of thousands of Jewish shops, homes and businesses are being distributed to influential prospective supporters.

Laszlo Endre, Under-Secretary of State for the Interior, is Hungary's chief sadist. What it took his Nazi masters ten years to do, Endre is trying to accomplish in a few months.

Thousands of Hungarian Jews are committing suicide rather than fall into the hands of these men. The humiliation suffered by Hungarian Jews is indescrible. It is far worse than anything suffered in neighboring Rumania. That the persecution of Jews in Hungary is intended as a political instrument to divert the public's attention is proved by the fact that no Jew is allowed to leave the country since the new régime came into power.

There is one consoling factor in this state of affairs. Thousands of non-Jewish Hungarians throughout the country are risking their lives in order to save Jewish lives. There have been several cases in Budapest where non-Jewish Hungarians have been mercilessly beaten and jailed for wearing a yellow Star of David as an expression of sympathy for their Jewish friends.

Official reports from neutral diplomatic sources in Budapest emphasize that unless drastic measures are taken immediately to put an end to the Hungarian Government's brutality 1,000,000 Hungarian Jews are doomed.

Bericht über die Deportation und Ermordung der ungarischen Juden in der New York Times vom 18. Mai 1944

Diplomatiegefecht um das Leben und Sterben der Juden aus Ungarn im Gang. Amerikaner und Briten, Schweden und Schweizer, und nicht zuletzt der Vatikan versuchten das Schlimmste zu ver-

JEWS IN HUNGARY FEAR ANNIHILATION

Gas-Chamber 'Baths' on Nazi Model Reported Prepared by Puppet Regime

By JOSEPH M. LEVY

By Wireless to THE NEW YORK TIMES.

ISTANBUL, Turkey, May 7 (Delayed)—Although it may sound unbelievable, it as a fact that Hungary, where Jewish citizens were comparatively well treated until March 19, is now preparing for the annihilation of Hungarian Jews by the most fiendish methods. Laughing at President Roosevelt's warnings, Premier Doeme Sztojay's puppet Nazi government is completing plans and is about to start the extermination of about 1,000,000 human beings who believed they were safe because they had faith in Hungarian fairness.

The Government in Budapest has decreed the creation in different parts of Hungary of "special baths" for Jews. These baths are in reality huge gas chambers arranged for mass murder, like those inaugurated in Poland in 1419.

Scores of thousands of Jews, including women with babies in arms, were murdered in these gas-chamber baths. They were Jews from all over Europe, sent to Poland in cattle trains and forced into specially built chambers to which they were taken under the pretext of having baths prior to being sent to the Ukraine for colonization. Five and half million Jews in Europe are reported to have been put to death in one form or another by the Germans since the war began.

Official diplomatic dispatches from Budapest declare that all Jews in Hungary are living in fear of imminent annihilation, from which there seems to be no escape. The dispatches, written by a neutral diplomat who is known to be a great friend of the Hungarians, condemn in the strongest terms the present Hungarian Government's treatment of hundreds of thousands of innocent, loyal Hungarian citizens of Jewish faith.

"Were I not here to witness it with my own eyes, I would never have believed that Magyars were capable of perpetrating such inhuman acts against honest, law-abiding citizens, whose only sin is that they are members of the faith which is the mother of Christianity," the diplomat wrote.

"Never in my career was I so eager to be relieved of my post as I am today. The cruelty of the Government is beyond my comprehension, and I fail to understand how men calling themselves gentlemen and aristocrats can be so heartless and brutal to their fellow men.

"I am not justifying the Allied bombings of Budapest, but I cannot help laugh when I hear members of the Hungarian Government refer to the Allied air raids as barbaric and inhuman at a time when this Government is daily commiting the most abominable crimes against a million of their own countrymen."

Bericht über die Deportation und Ermordung der ungarischen Juden in der New York Times vom 10. Mai 1944

hindern.[81] Goebbels kommentierte wieder in zynischer Manier: «Der amerikanische Außenminister Hull wendet sich in von Injurien gespickten Ausführungen gegen die, wie er sagt, Judenmassaker in Ungarn. Wo es den Juden an den Kragen geht, da sind die Amerikaner als Beschützer und Protektoren dieser infernalischen, parasitären Rasse immer gleich zur Stelle.»[82] Wie im Falle Rumäniens im Herbst 1942 waren jedoch nicht allein diese Interventionen, sondern andere Faktoren entscheidend für den Ausgang des Geschehens. Den stärksten Eindruck hinterließen beim ungarischen Staatschef, dem Reichsverweser Miklos Horthy, die neuen Offensiven der Alliierten, die Landung in der Normandie am 6. Juni 1944 und die Sommeroffensive der Roten Armee, die am 22. Juni begann. Der ungarischen Staatsführung wurde klar, dass der Krieg an deutscher Seite verloren war. Zudem drohten die Alliierten mit weiteren Luftangriffen auf Budapest. Der Stopp der Deportationen, der dann am 6. Juli verfügt wurde, sollte Horthy sozusagen als Eintrittsbillett ins alliierte Lager dienen. Die deutsche Führung, die die internationale Berichterstattung minutiös mitverfolgte, war außer sich, konnte ihre Vernichtungspolitik damit aber nur noch bedingt fortsetzen:

«Offensichtlich unter dem Einflusse durch die Feindmächte veranlasster ausländischer Presseangriffe, wie auch unter dem von Interventionen verschiedener ausländischer und Feindmächte teilte der ehemalige Reichsverweser im August d. J. der Reichsregierung eine Entschliessung mit, einen weiteren Transport von ung. Juden in das Reichsgebiet nicht mehr zuzulassen, und gab gleichzeitig die Zusicherung ab, bezüglich des noch in Ungarn – im wesentlichen nur noch im Gebiete der Hauptstadt Budapest – vorhandenen Judentums eine innerungarische Lösung in der Form durchzuführen, dass diese Juden ebenfalls evakuiert und in Lagern zum Arbeitseinsatz innerhalb Ungarns konzentriert werden sollten.»[83] Trotzdem wurden auch nach dem Stopp der Deportationen nach Auschwitz noch etwa 80 000 Juden verschleppt, von denen viele überlebten, und etwa 10 000 in Budapest ermordet.

Doch nicht nur beim ehemaligen deutschen Verbündeten Ungarn, sondern auch innerhalb des SS- und Polizeiapparates bewirkte die Krise der deutschen Kriegführung im Juni/Juli 1944 einen leichten Sinneswandel gegenüber dem Ausland. Während bis heute unklar ist, ob SS-Chef Himmler schon in Ungarn erste Fühler zu einem Sonderfrieden ausstrecken wollte, sind seine Handelsgeschäfte mit menschlichem Leben umfangreich dokumentiert. Schon fünf Tage nach dem deutschen Einmarsch begannen in Ungarn Gespräche zwischen jüdischen Vertretern und der Sicherheitspolizei, bei denen erstere Geldzahlungen für die Verzögerung von Deportationen anboten. Eichmann bot mit Rückendeckung Himmlers an, dass er alle ungarischen Juden gegen die Lieferung von 10 000 Lastwagen freilassen würde. Diese konnten faktisch nur von den Westalliierten geliefert werden und wären dann an der Ostfront zum Einsatz gekommen. Somit zielte Himmlers Angebot bezüglich der ungarischen Juden auf eine faktische Sprengung des alliierten Bündnisses. Das ganze Vorhaben war deshalb zum Scheitern verurteilt. Die Deportationen in den Tod liefen während der Verhandlungen ununterbrochen weiter, spätestens mit der Landung der Westmächte in Nordfrankreich brach Himmlers Kalkül zusammen. Immerhin konnte einigen tausend Juden das Leben gerettet werden.[84]

Unterdessen gelang der Gestapo ein kleiner, jedoch perfider Propaganda-Coup: Erstmals durfte eine internationale Delegation offiziell ein deutsches Lager für Juden besichtigen. Das Internationale Komitee vom Roten Kreuz bemühte sich schon seit längerem darum, nicht nur zu Kriegsgefangenen, sondern auch zu den deportierten Juden Kontakt zu bekommen.[85] Dieses Ansinnen war regelmäßig von deutscher Seite abgeblockt worden. Allerdings plante Eichmann schon seit 1942, das «Reichsghetto» Theresienstadt ausgewählten Delegationen vorführen zu lassen. Die Festung Theresienstadt in Böhmen diente ohnehin von Anfang an zur Täuschung der Juden im Reich. Ältere Juden sollten nicht «zum Arbeitseinsatz» in den Osten, wie es offiziell hieß, sondern zwangsweise in Theresienstadt untergebracht werden. Tatsächlich herrschten dort elende Lebensbedingungen wie in den Ghettos und ein Großteil der Inhaftierten wurde an die Vernichtungsstätten weiter deportiert. Um das Erscheinungsbild für ausländische Gäste aufzupolieren, ließ Eichmann nicht nur eine Art Potemkinsches Dorf in der Festung errichten, sondern senkte die Zahl der Einwohner durch Deportationen. Nachdem vor allem dänische Stellen darauf gedrängt hatten, ihre Staatsbürger besuchen zu dürfen, wurde tatsächlich im Juni 1944 der Besuch einer dänischen Delegation in Begleitung des Internationalen Roten Kreuzes organisiert. Die Gäste ließen sich von der aufgebauten Fassade täuschen.[86] Für einen tiefgreifenden internationalen Propagandaeffekt zugunsten des NS-Regimes war dies jedoch nicht ausreichend, der Zeitpunkt bereits zu spät.

Nicht nur in Berlin, auch unter den Verantwortlichen in den Besatzungsverwaltungen im Osten wurde die drohende Bestrafung diskutiert. Deren Funktionäre sahen sich natürlich im Zentrum der alliierten Drohungen, waren sie doch die Hauptverantwortlichen für die Massenverbrechen in Osteuropa. Generalgouverneur Hans Frank, dem ein entsprechendes alliiertes Flugblatt zu Ohren gekommen war, scherzte noch am 25. Januar 1943 in einer Sitzung seiner Regierung: «Wir sollten uns daran erinnern, daß wir alle miteinander, die wir hier versammelt sind, in der Kriegsverbrecherliste des Herrn Roosevelt figurieren. Ich habe die Ehre, Nummer 1 zu sein. Wir sind also Komplicen im welthistorischen Sinne geworden.»[87] Selbst der Cheforganisator des Massenmordes in Franks Machtbereich, der Höhere SS- und Polizeiführer Friedrich Wilhelm Krüger, schlug während der Endphase der Verbrechen in diese Kerbe: «Mit der Frage der Entjudung könne man sich eigentlich gar nicht mehr belasten; dafür sei sie auch propagandistisch schon zu stark vom Auslande ausgeschlachtet worden.»[88] Tatsächlich trieb die Besatzungsmacht den Massenmord jedoch erbarmungslos voran. Im Juni wurden die letzten Ghettos aufgelöst, im Juli viele der Zwangsarbeitslager, die meisten übrigen im November 1943. Eher rar sind die Zeugnisse, in denen sich Täter skeptisch im Hinblick auf die Zukunft zeigten, wie es etwa der Kommandant des Zwangsarbeitslagers Szebnie im September 1943 in einem Brief an seine Frau zum Ausdruck brachte: «Dieses Handwerk ist hier zu grausam und eines Deutschen unwürdig, was wir machen müssen. Das kann ich Dir nicht schreiben ... Wenn das einmal schief gehen sollte, haben wir mit *Recht* nichts mehr als Nation zu erhoffen.»[89]

7. Die Befreiung erster Konzentrationslager

Die Stunde der Wahrheit schlug für die deutschen Besatzer in Polen erst im Juli 1944, als die Rote Armee die Gebiete östlich der Weichsel befreite. Nach fünf Jahren ununterbrochener nationalsozialistischer Massenverbrechen erdreistete sich Frank, das gewaltsame Vorgehen der neuen sowjetischen Herrscher in der Osthälfte Polens in einem emphatischen Appell zu brandmarken, «mit einem leidenschaftlichen Protest gegen dieses jedem Völkerrecht, jedem primitiven menschlichen Empfinden hohnsprechenden Vorgehen der jüdischen Terrorbanditen Sowjetrußlands»[90]. In Wirklichkeit musste selbst der erstaunte Propagandaminister zugeben, dass sich die einmarschierenden sowjetischen Truppen in Polen und im Baltikum weitgehend zivilisiert benehmen würden, «von Greuelberichten ist nicht das geringste zu verzeichnen.»[91] Obwohl sich das Verhalten sowjetischer Stellen binnen kurzem ändern sollte, war damit die seit Katyn verfolgte Strategie, mit den sowjetischen Verbrechen eine Gegenpropaganda zu betreiben, zunächst gescheitert.

Denn die massivsten Verbrechen an den Polen verübte weiterhin die deutsche Besatzungsmacht. Deutsche Einheiten massakrierten zur gleichen Zeit die Bevölkerung in Warschau, nachdem dort am 1. August der Aufstand der Untergrundbewegung ausgebrochen war. Hier sah die deutsche Propaganda auch keine Notwendigkeit irgendwelcher Geheimhaltung; die Tötungen galten als legitim. Die Schuld an dem Blutbad, das vor allem deutsche SS- und Polizeiverbände in der polnischen Hauptstadt anrichteten, wurde sowohl den Westmächten als auch Stalin in die Schuhe geschoben, die beide relativ untätig zusahen. Ganz offen konnte einer der hauptverantwortlichen Täter, der Höhere SS- und Polizeiführer Reinefarth, in der NS-Presse verbreiten, dass es unter der Warschauer Bevölkerung nicht weniger als eine Viertelmillion Tote gegeben habe.[92]

Am 22. Juli 1944 gelang der Roten Armee die erste Befreiung eines größeren deutschen Konzentrationslagers in Lublin-Majdanek. Dem schloss sich eine breite Berichterstattung der internationalen Medien samt Besichtigungstouren für Journalisten an. Erstmals wurde eine Gaskammer entdeckt, in der Tausende Menschen mit Giftgas ermordet worden waren. Damit war ein Punkt erreicht, an dem ein totales deutsches Propagandadementi nicht mehr möglich schien.[93]

Aus dieser defensiven Haltung wurde in Verwaltung und Militär die Legende geboren, dass für alle Gräueltaten des Regimes die angeblich allmächtige SS verantwortlich sei. Generalgouverneur Frank betonte intern, er habe von dem Lager nichts gewusst. Dies ist zwar völlig unglaubwürdig; Frank hatte sich jedoch tatsächlich 1941 gegen die Einrichtung eines Konzentrationslagers in seinem Machtbereich gewehrt, freilich nicht aus Menschenfreundlichkeit. Vielmehr hätte er damals nämlich gerne alle Repressionsinstrumente in seiner Hand behalten. So deutete er den Kompetenzkonflikt des Jahres 1941 bereits 1944 für seine eigene Rechtfertigung um.[94]

Der Befreiung von Majdanek folgte der zweite alliierte NS-Prozess gegen Deutsche, diesmal organisiert von sowjetischen und polnischen Behörden. Vom 27. November bis 2. Dezember 1944 standen mehrere Funktionäre des Konzentrationslagers vor einem Militärgericht in Lublin. Obwohl zu den Angeklagten schwer belastete NS-Täter, so der stellvertretende Leiter der Lagerverwaltung, zählten, fand der Prozess nicht ein solch großes internationales Echo wie zuvor das Verfahren in Charkow. Goebbels echauffierte sich ausschließlich über die schlechte Behandlung der deutschen Beschuldigten im Gefängnis und kündigte intern Rache dafür an.[95]

Dazu fehlten ihm jedoch die Mittel. Im Gegenteil, inzwischen war die östliche Front relativ nahe an das größte aller Konzentrationslager herangerückt: Auschwitz. Seit 1942 waren immer mehr Informationen über das Vernichtungslager in den Westen gelangt und dort teilweise auch publiziert worden; im November 1944 konnte man in einer Broschüre von 59 Seiten Umfang nahezu alle wichtigen Details über das Lager nachlesen. Seit der Befreiung von Majdanek bemühten sich die Lagerfunktionäre in Auschwitz verstärkt um die Vernichtung ihrer Geheimakten. Während deutsche Rundfunkhörer im Juni 1944 Details über die Ermordung tschechoslowakischer Juden in den Gaskammern von Auschwitz erfuhren, schrieben die Beamten des Seehaus-Dienstes diesen Text penibel mit. Schließlich wirkten sich die alliierten Radioprogramme auch auf das Lager selbst aus. Als in einer BBC-Rundfunksendung die Namen der wichtigsten Funktionäre des Lagers verlesen wurden, die angeblich bereits zum Tode verurteilt wurden, brach unter der Lager-SS kurzzeitig helle Aufregung aus. Ein SS-Zeuge berichtete von einem Kollegen: «Bei dieser Gelegenheit erzählte er mir, dass sein Name in Zusammenhang mit Verbrechen in Auschwitz mit weiteren fünf Namen im englischen Rundfunk genannt worden sei. […] Gleichzeitig erwähnte er, dass er aus diesem Grund von Auschwitz fortkäme und ein neues Soldbuch mit einem neuen Namen erhalten würde.»[96] In Kassibern warnten die Häftlinge die Außenwelt, dass die Liquidierung des Lagers und damit die Ermordung aller Insassen unmittelbar bevorstehen würde. Die BBC verbreitete auch diese Meldung am 10. Oktober. Tags darauf dementierte tatsächlich eine deutsche Agentur die Meldung der

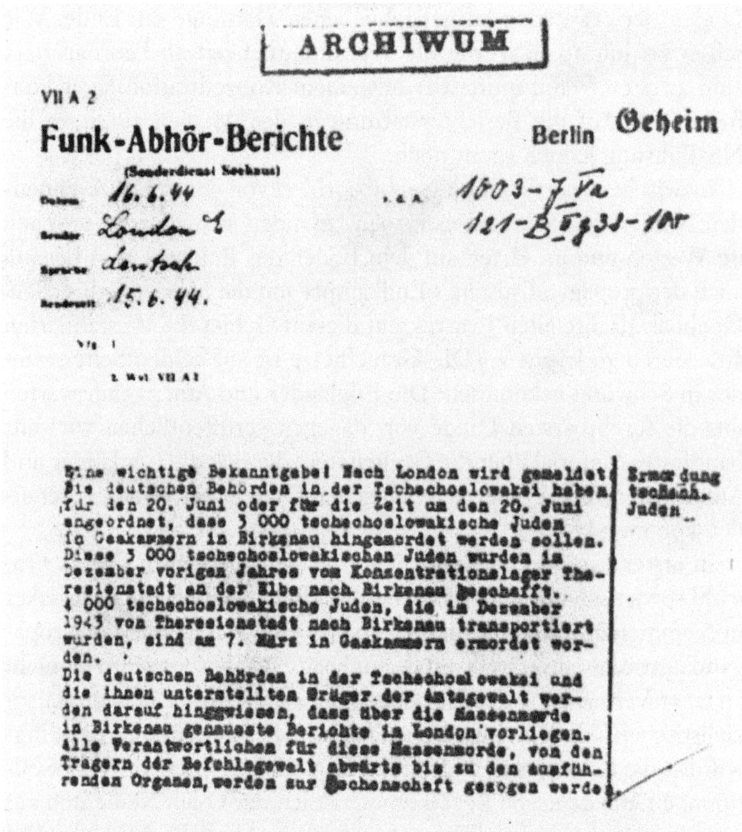

ARCHIWUM

VII A 2

Funk-Abhör-Berichte Berlin **Geheim**

(Sonderdienst Seehaus)

Datum 16.6.44 z. A. 1803-7 Va

Sender London I 121-B 5 g 31-108

Sprache Deutsch

Sendezeit 15.6.44.

Vfg. 1

2. Wvl VII A 2

Eine wichtige Bekanntgabe! Nach London wird gemeldet:
Die deutschen Behörden in der Tschechoslowakei haben
für den 20. Juni oder für die Zeit um den 20. Juni
angeordnet, dass 3 000 tschechoslowakische Juden
in Gaskammern in Birkenau hingemordet werden sollen.
Diese 3 000 tschechoslowakischen Juden wurden im
Dezember vorigen Jahres vom Konzentrationslager Theresienstadt an der Elbe nach Birkenau geschafft.
4 000 tschechoslowakische Juden, die im Dezember
1943 von Theresienstadt nach Birkenau transportiert
wurden, sind am 7. März in Gaskammern ermordet worden.
Die deutschen Behörden in der Tschechoslowakei und
die ihnen unterstellten Träger der Amtsgewalt werden darauf hingewiesen, dass über die Massenmorde
in Birkenau genaueste Berichte in London vorliegen.
Alle Verantwortlichen für diese Massenmorde, von den
Trägern der Befehlsgewalt abwärts bis zu den ausführenden Organen, werden zur Rechenschaft gezogen werde[n].

Ermordung tschech. Juden

Aufzeichnung des deutschen Radio-Abhördienstes über eine Sendung des Senders London am 15. 6. 1944, in der eine Nachricht über die Ermordung von Juden aus dem Getto Theresienstadt im KL Auschwitz II-Birkenau ausgestrahlt und angedroht wurde, dass alle Verantwortlichen für diese Massenmorde zur Rechenschaft gezogen würden.

BBC, die sie als von vorne bis hinten erfunden bezeichnete![97] Ende November begann die Lagerleitung in Auschwitz mit der Zerstörung der Vernichtungsanlagen, um alle Spuren zu beseitigen.[98]

Auf den mörderischen Weg der Todesmärsche hatte dieser deutsch-alliierte Schlagabtausch allerdings keine mildernde Wirkung. Erst die Befreiung des Lagers am 27. Januar 1945 machte dem

Leiden der etwa 7000 zurückgebliebenen Häftlinge ein Ende. Wie schon im Juli 1944, wurde die Weltöffentlichkeit ab Februar 1945 zum zweiten Mal unmittelbar mit einem Konzentrationslager konfrontiert.[99] Auf die Berichterstattung in den Medien reagierte die NS-Führung jedoch kaum noch.

Inzwischen war sie schon ganz absorbiert von der sich abzeichnenden Niederlage. Seit Oktober 1944 befanden sich alliierte Truppen im Westen und im Osten auf dem Boden des Reiches. Nun begann auch der propagandistische «Endkampf» um die Massenverbrechen. Goebbels dachte allen Ernstes, auf diesem Gebiet die Westalliierten attackieren zu können: «Die Greuelhetze ist auf beiden Seiten wieder in Schwung gekommen. Die Engländer und Amerikaner werfen uns die furchtbarsten Dinge vor; dagegen veröffentlichen wir sehr handfestes Material über die Greueltaten, die sich die Engländer und Amerikaner in den besetzten deutschen Ortschaften haben zuschulden kommen lassen.»[100]

In erster Linie wendete der Minister den Blick nach Osten. Obwohl sowjetische Kriegsverbrechen in Ostpreußen wie die Massaker in Nemmersdorf und Metgethen ab November 1944 von der Propaganda groß herausgestellt (und aufgebauscht) wurden, kam es nicht zu einer Vernichtung der Deutschen im Osten, wie es die nationalsozialistischen Medien immer wieder prophezeit hatten. Allerdings wurden die Frauen östlich der Elbe massenhaft Opfer von Vergewaltigungen, die deutsche Bevölkerung östlich der Oder/Neiße und aus ganz Osteuropa drangsaliert und vertrieben. Ähnlich wie bei der Katyn-Kampagne war die deutsche Propaganda auch diesmal bestrebt, nicht nur auf die eigene Bevölkerung, sondern auch auf die Weltöffentlichkeit einzuwirken. So berichtete die ausländische Presse über das Vorgehen der Roten Armee auf deutschem Boden. Auf die groß angelegte Gräuelkampagne, die Hitler und Goebbels im Februar/März 1945 in die Wege leiteten, ließ sich jedoch nicht einmal die Presse der verbündeten Staaten ein.[101] Eine positive Wende des Deutschlandbildes, die Mutation der Deutschen zu Opfern, konnte auf diese Weise nicht mehr herbeigeführt werden.

Seit Januar 1945 steigerten sich Brutalität und Ausmaß der NS-Verbrechen ein letztes Mal. Schon bei den ersten Rückzügen im Osten ab Anfang 1943 waren vielfach die Häftlinge in den Besatzungsgefängnissen ermordet worden. Zu Jahresbeginn 1945 begann dann die groß angelegte Evakuierung der Konzentrationslager, in welchen inzwischen über 700 000 Häftlinge ihr Leben fristen mussten. Zu Fuß oder in Eisenbahnwaggons wurden die Häftlinge bei eisiger Kälte Richtung Westen geschafft, Zehntausende auf dem Weg erschossen. Nie kamen die Alliierten den nationalsozialistischen Verbrechen so nahe wie in diesen Tagen. Das NS-Regime wollte weder Juden noch Oppositionelle oder andere «Verdächtige» lebend in die Hand der Alliierten fallen lassen, ja betrachtete diese vielfach noch als Faustpfand in letzter Minute, um mit dem Feind in Verhandlungen treten zu können.[102]

Seit Februar 1945 verhandelte Himmler insgeheim mit dem schwedischen Roten Kreuz. Zunächst ging es um die Übergabe von 8000 skandinavischen Häftlingen. Im April 1945 durften schließlich 7000 weitere Gefangene verschiedener Nationen aus Ravensbrück nach Schweden evakuiert werden. Himmlers Stabschef Karl Wolff, ebenfalls maßgeblich am Judenmord beteiligt, versuchte unterdessen, über Schweizer Mittelsmänner mit den Alliierten in Italien ins Geschäft zu kommen. Diese Verhandlungen sollten nicht nur der Verbesserung der deutschen strategischen Lage dienen, sondern auch Himmlers Image bei den Alliierten aufpolieren.[103] Im Gegensatz zu seinem Chef Hitler und seinem Kollegen Goebbels bemühte sich der Reichsführer-SS darum, die Nachkriegszeit noch zu erleben. Erst als seine dilettantische Tarnung nach der Festnahme durch britische Militärpolizei aufflog, beging auch er Selbstmord. Auch so manch anderer Funktionär versuchte, in der Endphase seinen Hals noch aus der Schlinge zu ziehen. So meldete der amerikanische Geheimdienst OSS aus Bern, dass einige deutsche Generale bereit seien, einen Waffenstillstand zu erwägen, wenn die Westalliierten Zugeständnisse in der «Kriegsverbrecherfrage» machen würden.[104]

8. Legenden für die Nachkriegszeit

Von den schwer belasteten Tätern waren bis Anfang 1945 freilich nur wenige in alliierte Hände gefallen, etwa der rumänische Staatschef Antonescu. In seinem Fall verzichtete die sowjetische Seite darauf, noch während der Kriegshandlungen einen Prozess zu organisieren.[105] Den meisten Besatzungsfunktionären gelang es, noch rechtzeitig einen einigermaßen geordneten Rückzug anzutreten. Mit der sowjetischen Winteroffensive vom Januar 1945 rückte die Gefahr der Verhaftung jedoch näher; die Rote Armee erreichte inzwischen die Oder. Nun gingen zahlreiche Massenmörder aus der SS an die Front und übernahmen Kommandeursposten in der Waffen-SS. Einzelne schwerstbelastete NS-Täter wurden bei den Kämpfen getötet oder begingen Selbstmord, so im Februar 1945 der Organisator des Judenmordes in Lettland, Rudolf Lange, und der Leiter des «Judenreferates» der Sicherheitspolizei in Warschau, Karl Georg Brandt.[106] Die meisten von ihnen gerieten jedoch erst im April/Mai 1945 in Kriegsgefangenschaft oder konnten untertauchen.[107] Viele hatten sich in den letzten Kriegswochen falsche Papiere besorgt, die oft für ein Leben in der Anonymität bis Ende der 1950er Jahre ausreichten, als die strafrechtliche Verfolgung nationalsozialistischer Massenverbrechen intensiviert wurde. Eine nicht unerhebliche Zahl von Hauptverantwortlichen beging – wie ihr «Führer» – 1945 Selbstmord.

Die Mehrzahl der Besatzungsfunktionäre, der Ministerialen und Diplomaten sowie der verantwortlichen Militärs überlebte das Kriegsende und hatte sich rechtzeitig ihre eigene NS-Legende zurechtgezimmert. An den Verbrechen sei ausschließlich die SS schuld gewesen, im übrigen habe man davon erst bei Kriegsende erfahren. Wer bis 1948 vor ein alliiertes Gericht in Deutschland oder am Tatort kam, konnte damit zunächst jedoch nur wenig erreichen. Es liegen keine präzisen Angaben über die Anzahl bestrafter NS-Täter vor. In der Sowjetunion wurden Kriegsgefangene oftmals unter pauschalen Vorwürfen verurteilt, so dass die genaue Feststellung der dabei erfassten NS-Verbrecher schwierig bleibt. Vermutlich ergingen in ganz Europa Verurteilungen gegen 25 000–30 000 Deutsche (und Österreicher) wegen aller Arten von NS- und Kriegsverbrechen.[108] Damit wurde nur einen Bruchteil der Täter dingfest gemacht, deren Gesamtzahl sicher in die Hunderttausende geht. Wer die Phase bis 1948, zumeist nach kurzzeitiger Internierung, jedoch unbeschadet überstanden hatte, der brauchte sich danach kaum mehr Sorgen um strafrechtliche Konsequenzen seines Handelns machen. In Westdeutschland wurden nahezu ausschließlich Täter aus dem SS- und Polizeiapparat wegen NS-Tötungsverbrechen verurteilt, insgesamt nur 1006 Personen.[109]

Mit der Befreiung der großen deutschen Konzentrationslager war der Schlusspunkt des deutsch-alliierten Pressegefechts gesetzt. Besonders die Konfrontation britischer Truppen mit dem Lager Bergen-Belsen am 15. April 1945 löste einen regelrechten Schock in der westlichen Öffentlichkeit aus. Erstmals gingen die entsetzlichen Fotos und Filmaufnahmen von den Leichenhaufen um die Welt. Sie sollten das Bild der Briten vom Nationalsozialismus auf Dauer prägen. Allem Anschein drang dies sogar noch bis in den Führerbunker. Hitler soll noch die Weisung erteilt haben, dieser «KZ-Propaganda» Paroli zu bieten. Dabei handelte es sich jedoch um eine der letzten Zuckungen des Regimes.[110]

9. Resümee: NS-Führung und Alliierte

Ohne Zweifel gab es also eine Interaktion zwischen den Alliierten und dem Deutschen Reich in der Frage der nationalsozialistischen Massenmorde, und diese hatte deutlich größere Ausmaße, als man es bisher angenommen hat. Viele der hier angerissenen Themen bedürfen erst noch näherer Untersuchung. Der NS-Führung und den meisten Funktionsträgern war bewusst, dass sie sich immer weiter von der internationalen Völkergemeinschaft und ihren rechtlichen Standards entfernt hatten. Auch die Zeitgenossen, allen voran die Täter, verloren ihr Unrechtsbewusstsein nicht, fühlten sich aber durch einen «Führerbefehl» legitimiert und durch die deutsche Machtausdehnung geschützt. Deshalb stand der Völkermord wie auch die Reaktion auf sein internationales Bekanntwerden in direktem Zusammenhang mit dem Verlauf des Krieges.

Die Alliierten hatten anfänglich kein umfassendes Gesamtbild von den nationalsozialistischen Verbrechen; vielmehr mussten bruchstückhafte Informationen, die zu einem erheblichen Teil als zweifelhaft galten, zusammengesetzt werden. Zudem entwickelten die Medien bestimmte «Vorlieben» für einzelne Opfergruppen. So stand, nicht zuletzt unter dem Einfluss der Exilregierungen, das Schicksal der nichtjüdischen Verfolgten, insbesondere der Westeuropäer, der Polen und Tschechen im Vordergrund. Die Einzigartigkeit des Mordes an den Juden trat erst im Sommer 1942 deutlicher hervor. Viele andere Großverbrechen fanden hingegen kaum

Aufmerksamkeit, etwa die Ermordung der Psychiatriepatienten,[111] der sowjetischen Kriegsgefangenen oder nichtjüdischer Zivilisten in der Sowjetunion. Diese Vernachlässigung hing natürlich auch mit der selektiven Informationspolitik aus Moskau zusammen. Für die Rezeption aller alliierten Veröffentlichungen *im Reich* spielten diese Verzerrungen jedoch keine große Rolle.

In der NS-Führung waren es vor allem drei Apparate, die sich mit diesen Publikationen beschäftigten: die Propaganda, die Diplomatie und die Wehrmacht. Sie sammelten emsig alle «Gräuelmeldungen» und stellten sie oftmals handlich zusammen. Die politische Interpretation der alliierten Presse aus NS-Sicht war so einfach wie rassistisch: hinter allen Beschuldigungen stünde die «Judenpresse», hinter den alliierten Interventionsversuchen die vermeintlichen jüdischen Hintermänner der Politik. Zugleich organisierte man in Berlin die Gegenpropaganda: Sie bestand im Kern aus der Behauptung, dass die Alliierten sich weit mehr zu schulden hätten kommen lassen als das Reich. Diese Aufrechnungsstrategie der NS-Propaganda glich in mancherlei Hinsicht dem Verhalten der deutschen Bevölkerung, die Bombentote und getötete Zivilisten mit dem Judenmord verknüpfte. Im Falle der Sowjetunion konnten relativ problemlos Beispiele stalinistischer Verbrechen herangezogen werden. Gegenüber den Westmächten wurde dagegen schlichtweg der Begriff «Kriegsverbrechen» umgemünzt auf deren angebliche Schuld am Krieg oder aber das Vorgehen in den britischen Kolonien. Erst nach Beginn des militärischen Rückzuges im Jahre 1943 sah sich die deutsche Propaganda immer mehr genötigt, konkret auf einzelne Vorwürfe einzugehen. In einer ersten Aufwallung plante man in Berlin oftmals aktive Gegenmaßnahmen wie Prozesse gegen westalliierte Kriegsgefangene. Bald erkannte man jedoch, dass sich das Reich angesichts der Dimensionen der eigenen Verbrechen damit nur der Lächerlichkeit preisgeben würde.

In den traditionellen Institutionen des NS-Staates begann man jedoch schon 1943 insgeheim die Suche nach einer Verteidigungsstrategie für die Nachkriegszeit. Man sei nicht informiert gewesen und schuld sei ausschließlich die SS. Diese Exkulpationsmuster erwiesen sich als äußerst zählebig und wirksam, im Grunde so lange, bis die einstigen NS-Funktionäre ihre Nachkriegskarriere beendet hatten oder ihre Generation ganz abtrat. In der deutschen Erinnerungskultur haben diese Legenden, trotz aller Bemühungen der Historiker, bis heute nicht völlig an Bedeutung eingebüßt.

Die Möglichkeiten der Alliierten, der nationalsozialistischen Vernichtungspolitik in die Speichen zu fallen, sei es durch eine Pressekampagne oder durch diplomatische Aktivitäten, blieben eng begrenzt. Zunächst bestehen bis heute ausgesprochene Zweifel am Willen der damaligen Regierungen in London, Washington und Moskau, aktive Hilfe für die verfolgten Juden zu leisten. Bis ins Jahr 1943 blieb die Zahl konkreter Rettungsinitiativen erstaunlich gering. Auch danach dominierte in der westalliierten Führung die Argumentation, man müsse zunächst den Krieg gewinnen und könne dann erst den Juden helfen. Repressalien gegen deutsche Kriegsgefangene hätten das Leben westalliierter Soldaten in deutscher Hand gefährdet. Die internen Äußerungen in der NS-Führung deuten vielmehr darauf hin, dass die zunehmende Publizität der Ereignisse um die Jahreswende 1941/42 die Täter eher noch anspornte, ihre Verbrechen zu forcieren. Lediglich bezüglich der Juden mit (echter oder gefälschter) Staatsbürgerschaft aus Staaten, die nicht der «Achse» angehörten, bestand schon 1942/43 ein gewisser Spielraum für Rettungsaktionen.

Anders hingegen war es um den Einfluss der Staatengemeinschaft auf die deutschen Verbündeten bestellt. Die Umkehr der rumänischen Vernichtungspolitik im September 1942 ist vor allem auf innen- und bündnispolitische Motive zurückzuführen, möglicherweise hat der amerikanische Druck hier auch noch ein wenig gewirkt. Ganz eindeutig geht der Stopp der Deportationen aus Ungarn im Juli 1944 auf die internationalen Interventionen zurück, wobei freilich den militärischen Erfolgen der Alliierten im Sommer 1944 ein mindestens ebenso großes Gewicht zukam wie den diplomatischen Demarchen und den Pressekampagnen. Es lässt sich durchaus darüber spekulieren, ob nicht mehr Leben hätten gerettet werden können. Zu denken ist hier vor allem an die Deportation der Juden durch bulgarische Behörden aus den annektierten Gebieten Makedoniens und Thrakiens im März 1943, zu einem Zeitpunkt, als sich längst abzeichnete, dass das Reich den Krieg verlieren würde. Weder war Bulgarien besetzt noch führte es zu diesem Zeitpunkt gemeinsam mit der Wehrmacht Krieg. Angesichts der innenpolitischen Auseinandersetzung in Sofia stand das Schicksal der Juden in den annektierten Gebieten auf Messers Schneide. Die Befürworter der Deportationen setzten sich schließlich durch. Die Juden mit bulgarischer Staatsbürgerschaft blieben hingegen am Leben.[112] Erst im Frühjahr 1944 war Himmler bereit, im großen Stil über das Leben von Juden zu verhandeln. Allerdings forcierte er zum gleichen Zeitpunkt die Massenmorde und stellte nahezu unerfüllbare Bedingungen. Selbst den Verhandlungen seit Februar 1945, im Angesicht der totalen Niederlage des Deutschen Reiches, waren enge Grenzen gesetzt.

Dennoch zeigt die Analyse der internationalen Publizität des Völkermordes wie auch ihrer Rezeption in der deutsche Führung, wie weit entwickelt die Medienlandschaft schon in den 1930er, 1940er Jahren war und wie hoch die Verflechtung zwischen der Öffentlichkeit in den Staaten der Alliierten und den Staaten der «Achse» blieb. Verbrechen dieser Dimension, sowohl in der geographischen Verbreitung als auch in der Zahl der Opfer und schließlich in ihrer maximalen Brutalität, ließen sich nicht geheimhalten. Dies galt weder für die internationale Öffentlichkeit noch für die Bevölkerung im Reich.

Zudem blieb die offizielle Geheimhaltung der Verbrechen, die von der NS-Führung immer wieder angemahnt wurde, im Großen und Ganzen eher Wunschdenken. Einerseits spielten sich viele Verfolgungen in aller Öffentlichkeit ab, so besonders die Deportationen. In Osteuropa gerieten aber auch viele der Massenerschießungen zu einem öffentlichen Massenspektakel. Andererseits waren sich die Täter ihrer Sache bis 1943 so sicher, dass sie eine hermetische Geheimhaltung oftmals gar nicht für nötig erachteten. Die «Vorgänge im Osten» waren im übrigen so sensationell, dass man sie bei der nächsten Gelegenheit im Bekanntenkreis berichten wollte, sowohl in deutschen Ministerien und Amtsstuben als auch im Privaten. Zwar wurden Auslassungen über die Massenmorde in Wirtshäusern oder bei anderen «öffentlichen» Gelegenheiten noch strafrechtlich verfolgt. Die Zahl der Verfahren gegen Amtsträger wegen solcher Art von «Geheimnisverrat» blieb jedoch eher gering.[113]

Die Massenverbrechen des Nationalsozialismus und insbesondere der Mord an den Juden waren im Reich und bei den Alliierten seit Mitte 1942 ein offenes Geheimnis. Über den besten Kenntnisstand verfügten deutsche Funktionäre und ihre ausländischen Verbündeten, sodann die Bevölkerung im Reich wie im besetzten Europa und die alliierten Regierungen, und schließlich die internationale Presse. Die mit dem Deutschen Reich verbündeten Staaten kooperierten bis in den Herbst 1942 eng beim Massenmord, suchten sich dann aber allmählich von Hitler zu lösen und mussten oft den Preis der Besetzung des eigenen Landes zahlen. Die deutsche Bevölkerung, deren Mehrheit so lange zu ihrem «Führer» hielt, war schließlich auch an diesen gekettet, als der Krieg verloren zu gehen drohte. Und die Alliierten, mehr die Regierungen als die Presse, zeigten sich der moralischen Herausforderung durch das Menschheitsverbrechen nur bedingt gewachsen.

Anmerkungen

Einleitung

1 Zit. aus einem Schreiben Kaufmanns an Hermann Göring vom 4.9.1942, in: National Archives Washington, D.C., Miscellaneous German Records Collection, T 84, Rolle 7.

2 Bundesarchiv Koblenz, Kl. Erwerbungen, 521, Brief des Höheren SS- und Polizeiführers Rudolf Querner an Karl Kaufmann vom 31.10.1941.

3 Zum folgenden siehe das Interview mit Ilse F. (Interviewer: Beate Meyer und Christa Fladhammer), Archiv der Forschungsstelle für Zeitgeschichte in Hamburg/Werkstatt der Erinnerung, FZH/WdE 301, sowie die auswertende Analyse von Beate Meyer, Anpassung, Selbstbehauptung und Verdrängung. Zum Berufsalltag zweier Mitläuferinnen im Nationalsozialismus, in: Kirsten Heinsohn u.a. (Hrsg.), Zwischen Karriere und Verfolgung. Handlungsräume von Frauen im nationalsozialistischen Deutschland, Frankfurt/New York 1997, S. 166–188.

4 Zit. nach ebd.

5 Margaret Bourke-White, Deutschland, April 1945, München 1979, S. 90ff.

6 Vgl. Gerhard Paul, Die Täter der Shoah. Fanatische Nationalsozialisten oder ganz normale Deutsche? Göttingen 2002; Harald Welzer, Täter. Wie aus ganz normalen Menschen Massenmörder werden, Frankfurt am Main 2005; Dieter Pohl, Die Holocaust-Forschung und Goldhagens Thesen, in: Vierteljahrshefte für Zeitgeschichte, 45 (1997), S. 1–48.

7 Zum folgenden siehe Meyer (Anm. 3), S. 180f.

8 Zit. nach ebd., S. 180.

9 Walter Laqueur, Was niemand wissen wollte. Die Unterdrückung der Nachrichten über Hitlers «Endlösung», Frankfurt a.M., Berlin, Wien 1981; Martin Gilbert, Auschwitz und die Alliierten, München 1982; David S. Wyman, Das unerwünschte Volk. Amerika und die Vernichtung der europäischen Juden, Ismaning 1986.

10 Als eine der wenigen Ausnahmen: Leni Yahil, Die Shoah. Überlebenskampf und Vernichtung der europäischen Juden, München 1998, S. 610–613.

11 Hierzu besonders Shlomo Aronson, Hitler, the Allies, and the Jews, Cambridge 2004.

Teil I: Vom antijüdischen Konsens zum schlechten Gewissen

1 Forschungsstelle für Zeitgeschichte in Hamburg/Werkstatt der Erinnerung, 055 T, Interview mit Rodolfo Jacobi am 24. 11. 1992 (Interviewer: Sybille Baumbach), Transkript, S. 13.

2 Zur Haltung der deutschen Bevölkerung gegenüber der Judenverfolgung siehe Peter Longerich, «Davon haben wir nichts gewusst!» Die Deutschen und die Judenverfolgung 1933–1945, München 2006; David Bankier, The Germans and the Final Solution. Public Opinion under Nazism, Cambridge/Massachusetts 1992; Otto Dov Kulka, The German Population and the Jews. State of Research and New Perspectives, in: David Bankier (Hrsg.), Probing the Depths of German Antisemitism. German Society and the Persecution of the Jews 1933–1941, New York, Oxford 2000, S. 271–281; ders./Aron Rodrigue, The German Population and the Jews in the Third Reich. Recent Publications and Trends of Research on German Society and the ‹Jewish Question›, in: Yad Vashem Studies 16 (1984), S. 421–435; Ian Kershaw, German Popular Opinion and the ‹Jewish Question› 1939–1943. Some further Reflections, in: Arnold Paucker (Hrsg.), Die Juden im nationalsozialistischen Deutschland – The Jews in Nazi Germany, Tübingen 1986, S. 365–388; Hans Mommsen/Dieter Obst, Die Reaktion der deutschen Bevölkerung auf die Verfolgung der Juden 1933–1943, in: Hans Mommsen/Susanne Willems (Hrsg.), Herrschaftsalltag im Dritten Reich. Studien und Texte, Düsseldorf 1988, S. 374–421; Ursula Büttner (Hrsg.), Die Deutschen und die Judenverfolgung im «Dritten Reich», Hamburg 1992; Volker Ullrich, «Wir haben nichts gewußt». Ein deutsches Trauma, in: 1999, 6 (1991), Heft 4, S. 11–46.

3 Zu den wichtigsten Studien zur nationalsozialistischen «Judenpolitik» gehören u. a. Peter Longerich, Politik der Vernichtung. Eine Gesamtdarstellung der nationalsozialistischen Judenverfolgung, München 1998; Christopher Browning, The Origins of the Final Solution. The Evolution of Nazi Jewish Policy, September 1939 – March 1942, with contributions by Jürgen Matthäus, Jerusalem 2004; Ulrich Herbert (Hrsg.), National Socialist Extermination Policies. Contemporary German Perspectives and Controversies, New York 2000.

4 Daniel Jonah Goldhagen, Hitlers willige Vollstrecker. Ganz gewöhnliche Deutsche und der Holocaust, Berlin 1996.

5 Zum Begriff der Zustimmungsdiktatur siehe Götz Aly, Rasse und Klasse. Nachforschungen zum deutschen Wesen, Frankfurt am Main 2003, S. 246. In seinem Buch Hitlers Volksstaat. Raub, Rassenkrieg und nationaler Sozialismus, Frankfurt am Main 2005, hat Aly den Begriff Zustimmungsdiktatur durch den wenig überzeugenden Begriff «Gefällig-

keitsdiktatur» ersetzt, der u. a. nicht in der Lage ist, die Mobilisierung der Gesellschaft unter der NS-Herrschaft angemessen zum Ausdruck zu bringen.

6 Alf Lüdtke (Hrsg.), Herrschaft als soziale Praxis. Historische und sozial-anthropologische Studien, Göttingen 1991, darin: ders., Funktionseliten. Täter, Mit-Täter, Opfer? Zu den Bedingungen des deutschen Faschismus, S. 559–590.

7 Vgl. jetzt die umfassende Sammlung aller Lageberichte bei Otto Dov Kulka/Eberhard Jäckel (Hrsg.), Die Juden in den geheimen Stimmungsberichten 1933–1945, Düsseldorf 2004.

8 Zu den Erfahrungen deutscher Juden im Verfolgungsprozess nach 1933 vgl. u. a. Marion Kaplan, Between Dignity and Despair. Jewish Life in Nazi Germany, New York 1998.

9 Zu Kontinuität und Diskontinuität im deutschen Antisemitismus vgl. Helmut Berding, Moderner Antisemitismus in Deutschland, Frankfurt am Main 1988; Donald L. Niewyk, Solving the «Jewish Problem». Continuity and Change in German Antisemitism 1871–1945, in: Leo Baeck Institute, Yearbook 35 (1990), S. 335–370; Shulamit Volkov, The Written Matter and the Spoken Word, in: Francois Furet (Hrsg.), Unanswered Questions, New York 1989, S. 33–53.

10 Werner Jochmann, Die Ausbreitung des Antisemitismus in Deutschland 1914–1923, in: ders., Gesellschaftskrise und Judenfeindschaft in Deutschland 1870–1945, Hamburg 1988, S. 99–170.

11 Uwe Lohalm, Völkischer Radikalismus. Die Geschichte des Deutschvölkischen Schutz- und Trutz-Bundes, Hamburg 1970.

12 Vgl. Anthony Kauders, German Politics and the Jews. Düsseldorf and Nuremberg 1910–1933, Oxford 1996; Till van Rahden, Juden und andere Breslauer. Die Beziehungen zwischen Juden, Protestanten und Katholiken in einer deutschen Großstadt von 1860 bis 1925, Göttingen 2000.

13 Vgl. Christhard Hoffmann, Politische Kultur und Gewalt gegen Minderheiten. Die antisemitischen Ausschreitungen in Pommern und Westpreußen 1881, in: Jahrbuch für Antisemitismusforschung, 3 (1994), S. 93–120; Helmut Walser-Smith, The Butcher's Tale. Murder and Anti-Semitism in a German Town, New York 2002; Christoph Nonn, Eine Stadt sucht einen Mörder. Gerücht, Gewalt und Antisemitismus im Kaiserreich, Göttingen 2002.

14 Dirk Walter, Antisemitische Kriminalität und Gewalt. Judenfeindschaft in der Weimarer Republik, Bonn 1999, S. 108.

15 Frank Bajohr, «Unser Hotel ist judenfrei». Bäder-Antisemitismus im 19. und 20. Jahrhundert, Frankfurt am Main 2003, S. 59 f.

16 Van Rahden, Juden und andere Breslauer (Anm. 12); Walter, Kriminalität (Anm. 14).

17 Vgl. Walter, Kriminalität (Anm. 14), S. 157 ff.

18 Vgl. Stephan Malinowski, Vom König zum Führer. Sozialer Nieder-

gang und politische Radikalisierung im deutschen Adel zwischen Kaiserreich und NS-Staat, 3. Aufl., Berlin 2003, S. 336 ff.

19 Bajohr, Hotel (Anm. 15), S. 68 f.

20 Ebd., S. 60.

21 Vgl. Norbert Kampe, Studenten und «Judenfrage» im deutschen Kaiserreich. Die Entstehung einer akademischen Trägerschicht des Antisemitismus, Göttingen 1988.

22 Vgl. Ulrich Herbert, «Generation der Sachlichkeit». Die völkische Studentenbewegung der frühen zwanziger Jahre in Deutschland, in: Frank Bajohr/Werner Johe/Uwe Lohalm (Hrsg.), Zivilisation und Barbarei. Die widersprüchlichen Potentiale der Moderne, Hamburg 1991, S. 115–144.

23 Vgl. Peter Hayes, Big Business and ‹Aryanization› in Germany 1933–1939, in: Jahrbuch für Antisemitismusforschung, 3 (1994), S. 254–281; Martin Fiedler, Die «Arisierung» der Wirtschaftselite. Ausmaß und Verlauf der Verdrängung der jüdischen Vorstands- und Aufsichtsratsmitglieder in deutschen Aktiengesellschaften (1933–1938), in: Fritz Bauer Institut (Hrsg.), «Arisierung» im Nationalsozialismus. Volksgemeinschaft, Raub und Gedächtnis, Frankfurt am Main 2000, S. 59–83.

24 Vgl. Avraham Barkai, «Wehr dich!» Der Centralverein deutscher Staatsbürger jüdischen Glaubens (C. V.) 1893–1938, München 2002; Cornelia Hecht, Deutsche Juden und Antisemitismus in der Weimarer Republik, Bonn 2003.

25 Vgl. Jacob Borut, Not even Stepchildren. Everyday Antisemitism and Jewish Life in the Weimar Republic (Manuskript, unveröffentlicht). Borut bereitet eine umfassende Untersuchung über den Antisemitismus und seinen Einfluss auf den gesellschaftlichen Alltag von Juden in der Weimarer Republik vor.

26 Harold Braverman, Bigotry and Hotels, in: Nathan C. Belth (Hrsg.), Barriers. Patterns of Discrimination against Jews, New York 1958, S. 26 f.

27 David A. Gerber (Hrsg.), Anti-Semitism in American History, Urbana and Chicago 1987; Leonard Dinnerstein, Antisemitism in America, New York 1994.

28 Vgl. Michael Wildt, Violence against Jews in Germany 1933–1939, in: David Bankier (Hrsg.), Probing the Depths of German Antisemitism. German Society and the Persecution of the Jews 1933–1941, New York 2000, S. 181–209; Armin Nolzen, The Nazi Party and its Violence Against the Jews 1933–1939. Violence as a Historiographical Concept, in: Yad Vashem Studies XXXI (2003), S. 245–285.

29 Vgl. Joseph Walk, Das Sonderrecht für Juden im NS-Staat, Heidelberg 1981.

30 Zum folgenden siehe Bajohr, Hotel (Anm. 15), S. 118 ff.

31 Vgl. Detlef Schmiechen-Ackermann, Der «Blockwart». Die unteren Parteifunktionäre im nationalsozialistischen Terror- und Überwa-

chungsapparat, in: Vierteljahrshefte für Zeitgeschichte, 48 (2000), S. 575–602; Beate Meyer, «Goldfasane» und «Nazissen». Die NSDAP im ehemals «roten» Stadtteil Hamburg-Eimsbüttel, Hamburg 2002; Dieter Rebentisch, Die «politische Beurteilung» als Herrschaftsinstrument der NSDAP, in: Detlev Peukert/Jürgen Reulecke (Hrsg.), Die Reihen fast geschlossen, Wuppertal 1981, S. 107–125.

32 Forschungsstelle für Zeitgeschichte in Hamburg/Werkstatt der Erinnerung (im folgenden: FZH/WdE), 117 B, Lebenserinnerungen Ernst Loewenberg, S. 17 f.

33 Max M. Warburg, Aus meinen Aufzeichnungen, New York (Privatdruck) 1952, S. 148.

34 Vgl. u. a. Frank Bajohr, ‹Arisierung› in Hamburg. Die Verdrängung der jüdischen Unternehmer 1933–1945, 2. Aufl., Hamburg 1998, dort auch weiterführende Literaturhinweise.

35 Zur Bedeutung der Denunziationen siehe Robert Gellately, Die Gestapo und die deutsche Gesellschaft. Die Durchsetzung der Rassenpolitik, 2. Aufl., Paderborn 1994; ders., Hingeschaut und Weggesehen. Hitler und sein Volk, Stuttgart 2002; Gerhard Paul/Klaus-Michael Mallmann (Hrsg.), Die Gestapo. Mythos und Realität, Darmstadt 1996; Gisela Diewald-Kerkmann, Politische Denunziation im NS-Regime oder die kleine Macht der «Volksgenossen», Bonn 1995.

36 Geheimes Preußisches Staatsarchiv Berlin-Dahlem, Rep. 90P, Lageberichte, 9.5, Bl. 81 ff.

37 Ebd., 9.2, Bl. 172, Bericht v. 5. 7. 1935.

38 Vgl. Barbara Händler-Lachmann/Thomas Werther, «Vergessene Geschäfte – verlorene Geschichte». Jüdisches Wirtschaftsleben in Marburg und seine Vernichtung im Nationalsozialismus, Marburg 1992, S. 77 f.; Herbert Schultheis, Juden in Mainfranken 1933–1945, Bad Neustadt 1980, S. 229; Arno Weckbecker, Die Judenverfolgung in Heidelberg 1933–1945, Heidelberg 1985, S. 105; Wolfram Selig, «Arisierung» in München. Die Vernichtung jüdischer Existenz 1937–1939, Berlin 2004; ders., Vom Boykott zur Arisierung. Die «Entjudung» der Wirtschaft in München, in: Björn/Mensing/Friedrich Prinz (Hrsg.), Irrlicht im leuchtenden München? Der Nationalsozialismus in der «Hauptstadt der Bewegung», Regensburg 1991, S. 178–202, hier S. 185.

39 Zum folgenden siehe Frank Bajohr/Joachim Szodrzynski, «Keine jüdische Hautcreme mehr benutzen!» Die antisemitische Kampagne gegen die Hamburger Firma Beiersdorf 1933/34, in: Arno Herzig (Hrsg.), Die Juden in Hamburg 1590 bis 1990, Hamburg 1991, S. 515–526.

40 Im Falle der Shell AG hatte die Kampagne bereits vor 1933 begonnen, vgl. H. v. Wunsch, Konkurrenzangriffe, in: Shell-Post 2. 1930, S. 93–95; Willy Buschak, Die Geschichte der Maggi-Arbeiterschaft, Hamburg 1989, S. 113 ff.

41 Vgl. Klaus-Dietmar Henke (Hrsg.), Die Dresdner Bank im Dritten

Reich, Bd. 1–4, München 2006, Harold James, The Deutsche Bank and the Nazi Economic War against the Jews, Cambridge 2001; Ludolf Herbst/Thomas Weihe (Hrsg.), Die Commerzbank und die Juden 1933–1945, München 2004.

42 Bajohr, «Arisierung» (Anm. 34), S. 174 ff.

43 Alfons Kenkmann, Verfolgung und Verwaltung. Die wirtschaftliche Ausplünderung der Juden und die westfälischen Finanzbehörden, Münster 1999.

44 Michael Wildt, Die Judenpolitik des SD 1935 bis 1938. Eine Dokumentation, München 1995.

45 Frank Bajohr, The Holocaust and Political Corruption, in: John K. Roth, Elisabeth Maxwell (Hrsg.), Remembering for the Future. The Holocaust in an Age of Genocide, Bd. 1, New York 2001, S. 613–629; Klaus-Michael Mallmann, «Mensch, ich feiere heut' den tausendsten Genickschuß». Die Sicherheitspolizei und die Shoah in Westgalizien, in: Gerhard Paul (Hrsg.) Die Täter der Shoah. Fanatische Nationalsozialisten oder ganz normale Deutsche? Göttingen 2002, S. 109–136.

46 Armin Nolzen, Der Streifendienst der Hitler-Jugend (HJ) und die «Überwachung der Jugend», in: Durchschnittstäter. Handeln und Motivation, Beiträge zur Geschichte des Nationalsozialismus, Bd. 16, Berlin 2000, S. 13–51.

47 Vgl. z. B. die Interviews in der Forschungsstelle für Zeitgeschichte in Hamburg/Werkstatt der Erinnerung, 55 T, 163 T, 386 T, 443 T, 543 T, 651 T, 431 A.

48 Hans Robinsohn, Ein Versuch, sich zu behaupten, in: Tradition, 3 (1958), Heft 4, S. 197–206.

49 Zitat (übersetzt) aus: Aufzeichnungen von Dr. Hans Bruno, S. 27, Forschungsstelle für Zeitgeschichte/Werkstatt der Erinnerung, 211a.

50 Zit. nach Henriette Necheles-Magnus, Anhängliche Patienten – opportunistische Kollegen, in: Margarete Limberg, Hubert Rübsaat (Hrsg.), Sie durften nicht mehr Deutsche sein. Jüdischer Alltag in Selbstzeugnissen 1933–1938, Frankfurt am Main 1990, S. 50.

51 Zur enormen Popularität Hitlers und seiner «charismatischen» Herrschaft vgl. Hans-Ulrich Wehler, Deutsche Gesellschaftsgeschichte, Bd. 4, Vom Beginn des Ersten Weltkriegs bis zur Gründung der beiden deutschen Staaten, 1914–1949, München 2003.

52 Deutschland-Berichte der Sozialdemokratischen Partei Deutschlands (Sopade) 1934–1940, 3. Jg. 1936, S. 24, 26.

53 Zit. nach Bernd Stöver, Volksgemeinschaft im Dritten Reich. Die Konsensbereitschaft der Deutschen aus der Sicht sozialistischer Exilberichte, Düsseldorf 1993, S. 249; David Bankier, German Social Democrats and the Jewish Question, in: ders. (Hrsg.), German Antisemitism (Anm. 28), S. 511–532.

54 Kulka/Jäckel, Stimmungsberichte (Anm. 7), Nr. 1015, Bericht der Stapostelle des Regierungsbezirks Königsberg für Juli 1935.

55 Ebd., Nr. 1107, Bericht der Polizeidirektion München für August 1935 vom 6. 9. 1935.
56 Ebd., Nr. 1232, Lagebericht der Stapostelle Regierungsbezirk Schleswig für September 1935.
57 Ebd., Nr. 1291, Bericht des Landrats Minden für September 1935 vom 3. 10. 1935.
58 Ebd., Nr. 1430, Lagebericht der Stapostelle Regierungsbezirk Magdeburg für November 1935 vom 5. 12. 1935.
59 Ebd., Nr. 1337, Lagebericht der Stapostelle Regierungsbezirk Münster für Oktober 1935 vom 6. 11. 1935.
60 Ebd., Nr. 2777, Bericht des SD-Oberabschnitts West für 1938.
61 Ebd., Nr. 2671, Bericht des Landrats Höxter vom 18. 11. 1938.
62 Ebd., Nr. 2786, Bericht des Regierungspräsidenten Oberbayern für Dezember 1938 vom 9. 1. 1939.
63 Ebd., Nr. 2626, Bericht des Bürgermeisters Bückeburg vom 17. 11. 1938.
64 Ebd., Vgl. die Berichte Nr. 2541 (Bezirksamt Alzenau), 2597 (Gendarmerie Anger), 2599 (Gendarmerie Aschach), 2607 (Bezirksamt Bad Kissingen), 2608 (Gendarmerie Bad Kissingen, 2666 (Oberbürgermeister Herford), 2762 (Gendarmerie Ziemetshausen).
65 Ebd., Nr. 2778, Bericht des SD-Unterabschnittes Württemberg-Hohenzollern für Oktober, November und Dezember 1938 vom 1. 2. 1939.
66 So das SD-Hauptamt in Berlin in einem Bericht vom 18. 8. 1937. Vgl. ebd., Nr. 2232.
67 Ebd., Nr. 2649, Bericht des Bezirksamtes Garmisch-Partenkirchen für November 1938 vom 29. 11. 1938.
68 Archiv der Forschungsstelle für Zeitgeschichte in Hamburg (FZH), 12 (Personalakte Kaufmann), Rede Kaufmanns vor der Hamburger Handelskammer am 6. 1. 1939.
69 Public Record Office, London, FO 371/23009, S. 328–337, Zitat S. 334. Das Memorandum des Vizekonsuls Baker wurde dem britischen Botschafter Henderson in Berlin am 5. Juli 1939 übersandt.
70 Kulka/Jäckel, Stimmungsberichte (Anm. 7), Nr. 3417, Bericht des RSHA, Amt III vom 2. 2. 1942.
71 Magnus Brechtken, «Madagaskar für die Juden». Antisemitische Idee und politische Praxis 1885–1945, München 1997.
72 Dieter Pohl, Von der «Judenpolitik» zum Judenmord. Der Distrikt Lublin des Generalgouvernements 1939–1944, Frankfurt am Main 1993.
73 Kulka/Jäckel, Stimmungsberichte (Anm. 7), Nr. 3025, Bericht der SD-Außenstelle Bad Kissingen vom 27. 11. 1939.
74 Vgl. Kulka, German Population (Anm. 2); Kershaw, German Popular Opinion (Anm. 2).
75 Ebd.
76 Bankier, The Germans (Anm. 2), S. 130 ff.

77 Kulka/Jäckel, Stimmungsberichte (Anm. 7), Nr. 3386, Bericht der SD-Hauptaußenstelle Bielefeld vom 16. 12. 1941.
78 Ebd., Nr. 3400, Bericht des NSDAP-Kreisleiters Göttingen vom 19. 12. 1941.
79 Ebd., Nr. 3380, Bericht der Gendarmerie Forchheim vom 27. 11. 1941.
80 Ebd., Nr. 3508, Bericht der SD-Außenstelle Detmold vom 31. 7. 1942.
81 Tagebuch von Luise Solmitz, Eintragung vom 7. 11. 1941, Archiv der Forschungsstelle für Zeitgeschichte in Hamburg (FZH), 11, S. 11–13.
82 Vgl. Frank Bajohr, «… dann bitte keine Gefühlsduseleien.» Die Hamburger und die Deportationen, in: Die Deportation der Hamburger Juden 1941–1945, Hrsg. von der Forschungsstelle für Zeitgeschichte in Hamburg und dem Institut für die Geschichte der deutschen Juden, 2. Aufl., Hamburg 2002, S. 13–29, hier S. 23.
83 Kulka/Jäckel, Stimmungsberichte (Anm. 7), Nr. 3475, Bericht des Landrates Bad Neustadt/Saale vom 29. 4. 1942.
84 Vgl. die veröffentlichten Fotodokumente in Klaus Hesse/Philipp Springer, Vor aller Augen. Fotodokumente des nationalsozialistischen Terrors in der Provinz, Essen 2002, 135 ff.; das Bild aus Hanau findet sich auf S. 180.
85 Ebd., S. 131.
86 Ebd., S. 125.
87 Herbert Schultheis, Juden in Mainfranken 1933–1945, unter besonderer Berücksichtigung der Deportationen Würzburger Juden, Bad Neustadt a. d. Saale 1980, S. 466.
88 Uwe Storjohann, Hauptsache Überleben, Hamburg 1993, S. 100.
89 Tagebuch von Luise Solmitz, Eintragung vom 5. 12. 1941, Archiv der FZH, 11.
90 Zit. nach Monica Kingreen, Gewaltsam verschleppt aus Frankfurt. Die Deportationen der Juden in den Jahren 1941–1945, in: dies. (Hrsg.), «Nach der Kristallnacht». Jüdisches Leben und antijüdische Politik in Frankfurt am Main 1938–1945, Frankfurt 1999, S. 357–402, hier S. 378.
91 Kulka/Jäckel, Stimmungsberichte (Anm. 7), Nr. 3386, Bericht der SD-Hauptaußenstelle Bielefeld vom 16. 12. 1941.
92 Ebd., Nr. 3401, Bericht aus der Kriegschronik der Stadt Münster vom 1. 12. 1941.
93 Ebd., Nr. 3371, Bericht der Stapostelle Bremen vom 11. 11. 1941; Nr. 3508, Bericht der SD-Außenstelle Detmold vom 31. 7. 1942; Nr. 3387; Bericht der SD-Außenstelle Minden vom 6. 12. 1941.
94 So Uwe Storjohann, Hauptsache Überleben (Anm. 88), S. 100.
95 Kulka/Jäckel, Stimmungsberichte (Anm. 7), Nr. 3387, Bericht der SD-Außenstelle Minden vom 6. 12. 1941.
96 Ebd., Nr. 3508, Bericht der SD-Außenstelle Detmold vom 31. 7. 1942.
97 Kulka/Jäckel, Stimmungsberichte (Anm. 7), Nr. 3371, Bericht der Stapostelle Bremen vom 11. 11. 1941.

98 Bernd Nellessen, Die schweigende Kirche. Katholiken und Judenverfolgung, in: Büttner (Hrsg.), Judenverfolgung (vgl. Anm. 2), S. 259–269; Martin Greschat, Die Haltung der deutschen evangelischen Kirchen zur Verfolgung der Juden im Dritten Reich, in: ebd., S. 273–292.

99 Bajohr, Deportationen (vgl. Anm. 82), S. 25. Die Hamburgerin Ingrid Wecker, die als Helferin der Jüdischen Gemeinde die Deportierten unterstützte, berichtete darüber in einem Interview: «Und in dem Aufgang oder Eingang, da standen nachts plötzlich Lebensmittel, von denen wir geträumt haben. Angefangen von Kaffee, Tee, Schokolade, Wurst, Butter, jede Menge Butter, Käse, was sie nur wollen, stand da. Irgendjemand hatte es hingestellt, wir wissen es nicht. Es müssen ‹arische› Firmen gewesen sein. Ich weiß es nicht, es stand da. Es hatte keiner irgendwo angefordert. Keiner hatte irgendwo ein Lager geplündert. Es stand plötzlich da. Und wir haben alles mit Freuden aufgenommen und dann noch wieder gepackt. Und dann haben wir das eben so vorbereitet, daß dann jeder am Zug sein Päckchen bekam am nächsten Tag.» Archiv der Forschungsstelle für Zeitgeschichte in Hamburg (FZH), Werkstatt der Erinnerung, Nr. 34, Interview mit Ingrid Wecker vom 16. 12. 1992, Transkript, S. 32.

100 Beate Kosmala/Claudia Schoppmann (Hrsg.), Überleben im Untergrund. Hilfe für Juden in Deutschland 1941–1945, Berlin 2002; Wolfgang Benz (Hrsg.), Überleben im Dritten Reich. Juden im Untergrund und ihre Helfer, München 2003.

101 Wolfgang Dreßen, Betrifft: Aktion 3. Deutsche verwerten jüdische Nachbarn, Berlin 1998; Bajohr, «Arisierung» (Anm. 34), S. 331–338.

102 Franziska Becker, Gewalt und Gedächtnis. Erinnerung an die nationalsozialistische Verfolgung einer schwäbischen Landgemeinde, Göttingen 1994.

103 Ebd., S. 77.

104 Schultheis, Juden in Mainfranken, S. 593. Der Originalbrief befindet sich im Privatarchiv von Herrn Isaac E. Wahler, Waldstr. 11, 35418 Buseck.

105 Ebd., S. 91.

106 Ebd., S. 83.

107 Darauf hat insbesondere auch Ian Kershaw, Der Hitler-Mythos. Führerkult und Volksmeinung, Stuttgart 1999, hingewiesen.

108 Kulka/Jäckel, Stimmungsberichte (Anm. 7), Nr. 3387, Bericht der SD-Außenstelle Minden vom 6. 12. 1941.

109 Ebd., Nr. 3386, Bericht der SD-Hauptaußenstelle Bielefeld vom 16. 12. 1941.

110 Ebd., Nr. 3388, Bericht der SD-Außenstelle Minden vom 12. 12. 1941.

111 Die Tagebücher von Joseph Goebbels, hrsg. von Elke Fröhlich, Teil II, Bd. 2, München 1996, S. 194, Eintragung vom 28. 10. 1941.

112 Vgl. Walk, Sonderrecht (Anm. 29), S. 353.

113 David Bankier, The Germans (Anm. 2), S. 127.

114 Zit. nach Kampf gegen den Davidstern, Gaunachrichten (Hamburg), Oktober 1941.

115 Wilhelm Loebsack, Juda vor dem Fall, in: Danziger Vorposten, 13. 5. 1944, zit. nach Dieter Pohl, Menschenleben und Statistik. Zur Errechnung der Zahl der während des Nationalsozialismus ermordeten Juden Europas, in: Materialien zum Denkmal für die ermordeten Juden Europas, hrsg. von der Stiftung Denkmal für die ermordeten Juden Europas, Berlin 2005, S. 72–77, hier S. 77.

116 Zitiert nach Max Domarus, Hitler. Reden und Proklamationen 1932–1945, Band II, Zweiter Halbband 1941–1945, München 1965, S. 1937.

117 Beate Kosmala, Zwischen Ahnen und Wissen. Flucht vor der Deportation, in: Birthe Kundrus/Beate Meyer (Hrsg.), Die Deportation der Juden aus Deutschland, Göttingen 2004, S. 135–159.

118 Nicholas Terry, Conflicting Signals. British Intelligence on the ‹Final Solution' through Radio Intercepts and Other Sources 1941–42, in: Yad Vashem Studies XXXII (2004), S. 351–396; ders., Ein Gespräch zwischen dem britischen Botschafter Victor Mallet und Jacob Wallenberg, November 1941 in Stockholm, in: Kundrus/Meyer, Deportation (Anm. 117), S. 196–208.

119 Zum Folgenden siehe Herbert und Sibylle Obenaus (Hrsg.), «Schreiben, wie es wirklich war!» Aufzeichnungen Karl Dürkefäldens aus den Jahren 1933–1945, Hannover 1985.

120 Ebd., S. 108.

121 Ebd., S. 106. Der Satz bezog sich insbesondere auf das Massensterben sowjetischer Kriegsgefangener.

122 Ebd., S. 110.

123 Ebd., S. 111.

124 Ebd., S. 113.

125 Ebd., S. 114.

126 Ebd., S. 117.

127 Ebd., S. 127.

128 Archiv FZH, 11 E 1, Tagebücher E. Ebeling, Eintragung vom 22. 3. 1942.

129 Archiv FZH, Tagebücher H. Frielingsdorf, Eintragung vom 19. 7. 1942.

130 Aufzeichnungen Edgar Eichholz (Privatbesitz), S. 11.

131 Archiv FZH/Werkstatt der Erinnerung, 253 T, Interview mit Eva Pfeiffer-Haufrect vom 24. 6. 1994 (Interviewerin: Sybille Baumbach), Transkript, S. 34.

132 Vgl. Bernward Dörner, Justiz und Judenmord. Zur Unterdrückung von Äußerungen über den Genozid an den europäischen Juden durch die deutsche Justiz, in: Jahrbuch für Antisemitismusforschung 4 (1995), S. 226–253; ders., «Heimtücke». Das Gesetz als Waffe. Kontrolle, Abschreckung und Verfolgung in Deutschland 1933–1945; Paderborn 1998, S. 233–241.

133 Zit. nach ebd., S. 237 f.

134 Zu diesem und den folgenden Fällen siehe Justizbehörde Hamburg (Hrsg.), «Von Gewohnheitsverbrechern, Volksschädlingen und Asozialen ...» Hamburger Strafurteile im Nationalsozialismus, Hamburg 1995, S. 342–354.

135 Karl-Heinz Reuband, Gerüchte und Kenntnisse vom Holocaust vor Ende des Krieges. Eine Bestandsaufnahme auf der Basis von Bevölkerungsumfragen, in: Jahrbuch für Antisemitismusforschung, Band 9 (2000), S. 196–233.

136 Insofern reicht es nicht aus, solche Bedenken mit der Bemerkung abzutun, eine Verdrängung von Informationen aus dem Bewusstsein sei «unwahrscheinlich». Vgl. Karl-Heinz Reuband, Zwischen Ignoranz, Wissen und Nicht-glauben-Wollen. Gerüchte über den Holocaust und ihre Diffusionsbedingungen in der deutschen Bevölkerung, in: Kosmala/Schoppmann, Überleben, S. 33–62, hier S. 56. Zum Problem der Amnesie, dargestellt an einem eindringlichen Beispiel siehe Jost Nolte, Ein Augenblick der Feigheit, DIE WELT, 26. 11. 2003.

137 Siehe jetzt Eric A. Johnson/Karl-Heinz Reuband, What we knew. Terror, Mass Murder, and Everyday Life in Nazi Germany. An Oral History, Cambridge/MA 2005. Während Reuband den Anteil der über den Massenmord informierten Deutschen auf rund ein Drittel schätzt, veranschlagt ihn Johnson auf die Hälfte, wobei beide Autoren für ihre jeweiligen Positionen durchaus bedenkenswerte Argumente anführen.

138 Kulka/Jäckel, Stimmungsberichte (Anm. 7), Nr. 3518, Stimmungsbericht der SD Außenstelle Leipzig IIIa vom 25. 8. 1942.

139 Heinz Boberach (Hrsg.), Meldungen aus dem Reich. Die geheimen Lageberichte der SS, Herrsching 1984, S. 4618.

140 Die Tagebücher von Joseph Goebbels, hrsg. von Elke Fröhlich, Teil I, Bd. 9, München 1998, S. 379, Eintragung vom 16. 6. 1941.

141 Boberach, Meldungen (Anm. 139), S. 4751.

142 Zit. nach: Die Hamburger Katastrophe vom Sommer 1943 in Augenzeugenberichten, bearbeitet von Renate Hauschild-Thiessen, Hamburg 1993, S. 230.

143 Kulka/Jäckel, Stimmungsberichte (Anm. 7), Nr. 3616, Bericht RSHA, Amt III (SD-Berichte zu Inlandsfragen) vom 8. 7. 1943.

144 Ebd., Nr. 3708, Bericht der SD-Außenstelle Bad Brückenau vom 2. 4. 1944.

145 Ebd., Nr. 3648, Bericht der SD-Hauptaußenstelle Würzburg vom 7. 9. 1943.

146 Ebd., Nr. 3693, Bericht der SD-Außenstelle Schweinfurt, o. D. (1944).

147 Ebd., Nr. 3588, Bericht des SD-Abschnitts Halle vom 22. 5. 1943.

148 Zit. nach Dörner, «Heimtücke» (Anm. 132), S. 238.

149 Zit. nach Heinrich Hermelink (Hrsg.), Kirche im Kampf. Dokumente des Widerstands und des Aufbaus in der Evangelischen Kirche Deutschlands von 1933 bis 1945, Tübingen und Stuttgart 1950, S. 657 f.

150 Zit. nach ebd., S. 701.

151 Jäckel/Kulka, Stimmungsberichte (Anm. 7), Nr. 3718, Bericht der SD-Außenstelle Lohr vom 15. 5. 1944.

152 So zeitigten Versuche der NS-Propaganda, Angriffe auf Talsperren oder einzelne Luftangriffe unmittelbar jüdischen Verantwortlichen zuzuschieben, nur wenig Erfolg: «Diese Art der propagandistischen Auswertung wird allgemein abgelehnt», meldete die NSDAP-Parteikanzlei im Mai 1943. Als die mecklenburgische Presse versuchte, einen schweren Luftangriff auf Rostock im Februar 1944 dem «Judenpack» anzulasten, wurde dies den Berichten nach als «propagandistisches Mätzchen» bezeichnet. Vgl. ebd., Nr. 3595, Bericht der NSDAP-Parteikanzlei («Auszüge aus Berichten der Gauleitungen und Dienststellen») vom 29. 5. 1943; Nr. 3700, Bericht des SD-Abschnitts Schwerin vom 7. 3. 1944.

153 Ebd., Nr. 3716, Bericht der SD-Außenstelle Bad Brückenau vom 8. 5. 1944.

154 Ebd., Nr. 3571, Bericht der SD-Außenstelle Bad Brückenau vom 22. 4. 1943

155 Ebd., Nr. 3604, Bericht der NSDAP-Parteikanzlei («Auszüge aus Berichten der Gauleitungen und Dienststellen») vom 12. 6. 1943.

156 Ebd., Nr. 3388, Bericht der SD-Außenstelle Minden vom 12. 12. 1941.

157 Ebd., Nr. 3592, Bericht des Regierungspräsidenten für Schwaben vom 10. 6. 1943.

158 Ebd., Nr. 3744, Bericht der II. Wehrmachtspropagandastelle («24. Bericht über den ‹Sondereinsatz Berlin›») vom 31. 3. 1945.

159 Vgl. Sönke Neitzel, Deutsche Generäle in britischer Gefangenschaft 1942–1945. Eine Auswahledition der Abhörprotokolle des Combined Services Detailed Interrogation Centre UK, in: Vierteljahrshefte für Zeitgeschichte, 52 (2004), S. 289–348, Zitat S. 313.

160 Ebd., S. 326.

161 Ebd., S. 327.

162 Ebd., So der Panzergeneral Ludwig Crüwell am 14. 2. 1943, S. 309.

163 Zum folgenden siehe die brillante Analyse von Rafael A. Zagovec, Gespräche mit der «Volksgemeinschaft». Die deutsche Kriegsgesellschaft im Spiegel westalliierter Frontverhöre, in: Das Deutsche Reich und der Zweite Weltkrieg, Band 9, 2. Halbband, München 2005, S. 289–381.

164 Zit. nach ebd., S. 330.

165 Zit. nach ebd., S. 378.

166 So Zagovec (Anm. 163), S, 330.

167 Goebbels, Tagebücher (Anm. 140), Teil II, Bd. 7, München u. a. 1993, S. 454, Eintragung vom 2. März 1943.

168 Zit. nach ebd., Teil I, Bd. 9, München 1998, S. 379, Eintragung vom 16. 6. 1941.

169 Zit. nach Hans-Heinrich Wilhelm, Hitlers Ansprache vor Generalen

und Offizieren am 26. Mai 1944, Militärgeschichtliche Mitteilungen, 2/1976, S. 123–170, hier S. 156.

170 Das Schwarze Korps, 25. 1. 1945.

171 Zit. nach Aufzeichnungen von Edgar Eichholz, Privatbesitz, Bl. 43. In ähnlicher Weise äußerte sich Ende 1944 ein junger Geschäftsmann gegenüber dem amerikanischen Offizier Saul K. Padover: «Mindestens achtzig Prozent der Deutschen haben gegen die Juden gesündigt, nicht aus Überzeugung, sondern aus Eigennutz, der schlimmsten Sünde. Jetzt plagt sie das Gewissen, und sie haben Angst.» Zit. nach Saul K. Padover, Lügendetektor. Vernehmungen im besiegten Deutschland 1944/45, Frankfurt a. M. 1999, S. 55.

172 Zit. nach Bankier, The Germans (Anm. 2), S. 142 f.

173 Ebd., S. 145.

174 Vgl. dazu auch Rex Harrison, «Alter Kämpfer» im Widerstand. Graf Helldorff, die NS-Bewegung und die Opposition gegen Hitler, Vierteljahrshefte für Zeitgeschichte 45, 1997, S. 385–422.

175 Wladyslaw Szpilman, The Pianist. The Extraordinary Story of One Man's Survival in Warsaw 1939–1945, London 1999.

176 Brief Hosenfelds an seine Ehefrau vom 10. 11. 1939, veröffentlicht in: Wilm Hosenfeld, «Ich versuche jeden zu retten». Das Leben eines deutschen Offiziers in Briefen und Tagebüchern, hrsg. von Thomas Vogel, München 2004, S. 285 f.

177 Brief Hosenfelds an seine Frau vom 27. 5. 1940, ebd., S. 350; Brief Hosenfelds an seinen Sohn Helmut vom 15. 11. 1940, ebd., S. 414.

178 Tagebucheintrag Hosenfelds vom 16. 6. 1943, ebd., S. 719.

179 Zit. nach Frank Stern, Im Anfang war Auschwitz. Antisemitismus und Philosemitismus im deutschen Nachkrieg, Gerlingen 1991, S. 29. Vgl. auch Robert G. Moeller, War Stories. The Search for a Usable Past in the Federal Republic of Germany, Berkeley 2001.

180 Zit. nach Wolfgang Benz, Die Deutschen und die Judenverfolgung. Mentalitätsgeschichtliche Aspekte, in: Ursula Büttner (Hrsg.), Judenverfolgung (Anm. 2), S. 51–65, hier S. 52.

181 Werner Bergmann/Rainer Erb, Antisemitismus in der Bundesrepublik Deutschland. Ergebnisse der empirischen Forschung von 1946–1989, Opladen 1991, S. 58.

182 Vgl. Peter Reichel, Politik mit der Erinnerung. Gedächtnisorte im Streit um die nationalsozialistische Vergangenheit, München 1995; Aleida Assmann/Ute Frevert, Geschichtsvergessenheit – Geschichtsversessenheit. Vom Umgang mit deutschen Vergangenheiten nach 1945, Stuttgart 1999; Norbert Frei, 1945 und wir. Das Dritte Reich im Bewußtsein der Deutschen, München 2005.

Teil II: Das NS-Regime und das internationale Bekanntwerden seiner Verbrechen

1 Zur Berichterstattung ausländischer Konsulate aus dem nationalsozialistischen Deutschland bereitet die Forschungsstelle für Zeitgeschichte in Hamburg derzeit ein Forschungsprojekt vor, in dem die Konsulatsberichte von insgesamt zwölf Nationen vergleichend analysiert werden sollen. Als Beispiel für die Berichterstattung über die Judenverfolgung siehe Frank Bajohr, Zwischen Wunschdenken und Realität. Die Berichte des britischen Generalkonsuls über die Judenverfolgung in Hamburg 1938/39, in: Andreas Brämer u. a. (Hrsg.), Aus den Quellen. Beiträge zur deutsch-jüdischen Geschichte. Festschrift für Ina Lorenz zum 65. Geburtstag, Hamburg 2005, S. 325–333.

2 Robert Moses Shapiro (Hrsg.), Why Didn't the Press Shout? American and International Journalism During the Holocaust, New York 2003; Deborah E. Lipstadt, Beyond Belief. The American Press and the Coming of the Holocaust, 1933–1945, New York 1986.

3 Den Hinweis auf die erste Quelle verdanken wir Dr. Christoph Strupp, der die Berichte US-amerikanischer Konsuln aus NS-Deutschland im Rahmen des Projektes der Forschungsstelle (siehe Anm. 1) auswerten wird. Vgl. auch Christoph Strupp, Observing a Dictatorship. American Consular Reporting on Germany, 1933–1941, in: Bulletin of the German Historical Institute Washington, D. C. 39 (2006). Zweites Zitat: Brief Guillaume Favre an Himmler, 31. 8. 1938, zit. in Falk Pingel, Häftlinge unter SS-Herrschaft. Widerstand, Selbstbehauptung und Vernichtung im Konzentrationslager, Hamburg 1978, S. 246.

4 Eliahu Ben Elissar, La Diplomatie du IIIe et les Juifs 1933–1939, [Paris] 1969, S. 163 ff.

5 Longerich, Politik der Vernichtung, S. 116 f.

6 Lipstadt, Beyond Belief, S. 87, 99.

7 Herbert Sirois, Zwischen Illusion und Krieg: Deutschland und die USA 1933–1941, Paderborn u. a. 2000, S. 127–133.

8 David Engel, In the Shadow of Auschwitz. The Polish Government-in-Exile and the Jews, 1939–1942, Chapel Hill 1987, S. 172.

9 Włodzimierz Borodziej, Terror und Politik. Die deutsche Polizei und die polnische Widerstandsbewegung im Generalgouvernement 1939–1944, Mainz 1999, S. 89–91.

10 Das Diensttagebuch des deutschen Generalgouverneurs in Polen 1939–1945. Hrsg. von Werner Präg, Wolfgang Jacobmeyer, Stuttgart 1975, S. 211 (Regierungssitzung des Generalgouvernements vom 30. 5. 1940).

11 Lipstadt, Beyond Belief, S. 147 f.

12 Richard Breitman, Staatsgeheimnisse. Die Verbrechen der Nazis – von den Alliierten toleriert, München 1999, S. 119 ff.
13 Funkspruch an die Höheren SS- und Polizeiführer in der Sowjetunion, 13. 9. 1941, in: Die Einsatzgruppen in der besetzten Sowjetunion. Die Tätigkeits- und Lageberichte des Chefs der Sicherheitspolizei und des SD 1941/42. Hrsg. von Peter Klein, Berlin 1997, S. 397.
14 Breitman, Staatsgeheimnisse, S. 126.
15 Peter Longerich, Propagandisten im Krieg. Die Presseabteilung des Auswärtigen Amtes unter Ribbentrop, München 1987, S. 280 ff.
16 Dan Wyman, Das unerwünschte Volk. Amerika und die Vernichtung der europäischen Juden. Erw. Neuausg., Frankfurt a. M. 2000, S. 23; Lipstadt, Beyond Belief, S. 154, 157.
17 Dokumente zur Deutschlandpolitik (DzD). Reihe I, Frankfurt a. M. 1984–1991, Band 1, S. 514 f.
18 Ulrich Herbert, Best. Biographische Studien über Radikalismus, Weltanschauung und Vernunft, 1903–1989, Bonn 1996, S. 299 ff.
19 Peter Longerich, «Davon haben wir nichts gewusst.» Die Deutschen und die Judenverfolgung 1933–1945, München 2006, S. 182 f.
20 Lipstadt, Beyond Belief, S. 151 ff.; Gaston Haas, «Wenn man gewusst hätte, was sich drüben im Reich abspielte ...» 1941–1943. Was man in der Schweiz von der Judenvernichtung wusste. 2. Aufl., Basel, Frankfurt a. M. 1997, S. 226 f.
21 Vgl. zuletzt Heiko Heinisch, Hitlers Geiseln. Hegemonialpläne und der Holocaust, Wien 2005.
22 Christian Gerlach, Kalkulierte Morde. Die deutsche Wirtschafts- und Vernichtungspolitik in Weißrußland, Hamburg 1999, S. 559.
23 Terry, Conflicting Signals, S. 371–373; Kathrin Hoffmann-Curtius, Trophäen und Amulette. Die Wehrmachts- und SS-Verbrechen in den Brieftaschen der Soldaten, in: Fotogeschichte 20 (2000), H. 78, S. 63–76.
24 Die UdSSR und die deutsche Frage 1941–1948. Dokumente aus dem Archiv für Außenpolitik der Russischen Föderation. Hrsg. von Jochen P. Laufer, Pavel Kynin, Berlin 2004, Band 1, S. 38 f.; die wichtigsten Molotow-Noten sind abgedruckt in: Nazi Crimes in the Ukraine 1941–1944. Documents and Materials. Red. V. N. Denisov, G. I. Changuli, Kiev 1987.
25 Die Tagebücher von Joseph Goebbels. Hrsg. von Elke Fröhlich. Teil II, München u. a. 1993–1996, Band 1, S. 201 (Eintragung vom 9. 8. 1941), Band 2, S. 372 (Eintragung vom 27. 11. 1941).
26 David Bankier, Signaling the Final Solution to the German People, in: ders., Israel Gutman (Hrsg.), Nazi Europe and the Final Solution, Jerusalem 2003, S. 15–39, hier 16.
27 Einsatzgruppen in der besetzten Sowjetunion, S. 10 f.; Christopher Browning, The Final Solution and the German Foreign Office. A Study of Referat D III of Abteilung Deutschland 1940–43, New York, London 1978, S. 72 ff.

28 Herbert, Best, S. 313.
29 Der Dienstkalender Heinrich Himmlers 1941/42. Hrsg. von Peter Witte u. a., Hamburg 1999, S. 350, 426 (Eintragungen vom 15.2. und 13.5.1942); zum Fall des Befehlshabers des rückwärtigen Heeresgebietes Nord vgl. Bundesarchiv (BA) NS 19/2030.
30 Dieter Pohl, Die Herrschaft der Wehrmacht. Deutsche Militärbesatzung und einheimische Bevölkerung in der Sowjetunion 1941–1944. Unveröff. Manuskript München 2005, S. 311 f. (Publikation für 2007 geplant).
31 Tagebücher Goebbels Teil II Band 3, S. 561 (Eintragung vom 27.3.1942).
32 Rademacher an Schröder, 24.3.1942, zit. bei: Browning, Foreign Office, S. 83.
33 Rede am 15.6.1942, in: Joseph Goebbels, Das eherne Herz. Reden und Aufsätze aus den Jahren 1941/42, München 1943, S. 350 (hier auf den 14.6. datiert, vermutlich aber am Tag darauf gehalten, vgl. Tagebücher Goebbels Teil II, Band 4, S. 528, Eintragung vom 16.5.1942). Vgl. dazu auch die Reaktion des britischen Außenministers Eden in einer Rede vom 23.7.1942, DzD Reihe I Band 3, S. 630.
34 Viktor Brack an Himmler, 23.6.1942, in: Die Ermordung der europäischen Juden. Hrsg. von Peter Longerich unter Mitarb. von Dieter Pohl, München 1989, S. 371.
35 Engel, In the Shadow of Auschwitz, S. 180 f.
36 Lipstadt, Beyond Belief, S. 162 ff.
37 Lipstadt, Beyond Belief, S. 174.
38 Erklärung Churchills, 21.7.1942, in: DzD Reihe I Band 3, S. 742.
39 Longerich, Propagandisten im Krieg, S. 170 ff., 199 ff.
40 Politisches Archiv des Auswärtigen Amtes, R-60892; einzelne Exemplare auch im Bundesarchiv-Militärarchiv (BA-MA), beispielsweise RW 4/v. 252 und 254.
41 Donald McKale, Curt Prüfer. German Diplomat from the Kaiser to Hitler, Kent, London 1987, S. 174 f.; ders. (Hrsg.), Rewriting History: The Original and Revised World War II Diaries of Curt Prüfer, Kent, London 1988.
42 Berichte in Bundesarchiv R 74. Vgl. Willi A. Boelcke, Das «Seehaus» in Berlin-Wannsee. Zur Geschichte des deutschen «Monitoring Service» während des Zweiten Weltkrieges, in: Jahrbücher für die Geschichte Mittel- und Ostdeutschlands 23 (1974), S. 231–269; Longerich, Propagandisten im Krieg, S. 177 ff. Vgl. dazu auch die Apologie von Hildegard Springer, Es sprach Hans Fritzsche. Nach Gesprächen, Briefen und Dokumenten. Stuttgart 1949, S. 251 ff. Fritzsche, Leiter von Goebbels' Rundfunkabteilung, wertete diese Meldungen täglich aus.
43 Vgl. BA-MA RH 19 III/483, Bl. 72 f., Abteilung Wehrmachtpropaganda an General z. b. V., 4.4.1942; BA-MA RH 2/2538, Bl. 110, Bericht

Fremde Heere Ost, «Die sowjetische Greuelpropaganda», (1943); BA-MA RH 19 III/388, Bl. 93–103, Fremde Heere Ost (IIb), Kurzauswertung eingegangenen Materials, 5. 8. 1943.

44 Vgl. beispielsweise Ingo Loose, Credit Banks and the Holocaust in the Generalgouvernement, 1939–1945, in: Yad Vashem Studies 34 (2006), S. 177–218; Harald Wixforth u. a., Die Expansion der Dresdner Bank in Europa, München 2006.

45 Himmler an Gestapochef Müller, 20. 11. 1942, in: Ermordung der europäischen Juden, S. 149; vgl. Persönlicher Stab Reichsführer-SS an Kaltenbrunner, 22. 2. 1943, in: Michael Shermer/Alex Grobman, Denying History: Who Says the Holocaust Never Happened and Why Do They Say It?, Berkeley 2000, S. 207.

46 Aufzeichnung Botschafter Ritter, 9. 1. 1942, Akten der deutschen auswärtigen Politik (ADAP). Serie E, Göttingen 1969–1979, Band 1, S. 193 f.

47 Alexandra-Eileen Wenck: Zwischen Menschenhandel und «Endlösung». Das Konzentrationslager Bergen-Belsen, Paderborn u. a. 2000, S. 54 ff.

48 So das zentrale Argument von Wyman, Das unerwünschte Volk.

49 Interalliierte Erklärung, 17. 12. 1942, in: DzD Reihe I Band 3, S. 1162 f.; Lipstadt, Beyond Belief, S. 180 ff.

50 Stéphane Courtois, Adam Rayski, Qui savait quoi? L'extermination des Juifs 1941–1945, Paris 1987, S. 71; Longerich, «Davon haben wir nichts gewusst.», S. 257 ff.

51 BA R 55/1288, Bl. 285, Propagandaministerium/Ost (Taubert) an Minister, 23. 12. 1942.

52 Tagebücher Goebbels Teil II, Band 7, S. 454, 603 (Eintragungen vom 3. und 21. 3. 1943).

53 Vgl. Russisches Staatliches Militärarchiv, Moskau, 500–1-758, SD-Bericht, 12. 6. 1942.

54 BA-MA RH 20–6/492, Bl. 38, AOK 6, Ic/AO, Berichtsmaterial, 25. 9. 1941; Karel C. Berkhoff, Harvest of Despair. Life and Death in Ukraine under Nazi Rule. Cambridge, Mass. 2004, S. 188; Nicholas Terry, Enforcing German Rule in Russia, 1941–1944: Policing the Occupation, in: Conflict and Legality: Policing Mid-Twentieth Century Europe. Hrsg. von Gerard Oram. London 2003, S. 121–148, hier S. 124 (Massengräber bei Mogilew und Smolensk).

55 Institut für Zeitgeschichte, Nürnberger Dokument NO-2607, Lohse an Alfred Rosenberg, 18. 6. 1943 betr. «Unternehmen Cottbus».

56 Tagebücher Goebbels Teil II, Band 8, S. 127 (Eintragung vom 18. 4. 1943).

57 Tagebücher Goebbels Teil II, Band 8, S. 171 (Eintragung vom 27. 4. 1943).

58 BA, Filme 72523–72529, Presseabteilung des AA, P XII Auslands-Presse-Bericht, 3. 6. 1943; Telegramm Deutsche Gesandtschaft Bukarest an

AA, 4. 6. 1943; Aufzeichnung AA, P VIII, Baßler, 16. 6. 1943 (Zitat). Für den Hinweis auf diese Dokumente danke ich Andrej Angrick.

59 Sebastian Balta, Rumänien und die Großmächte in der Ära Antonescu (1940–1944), Stuttgart 2005, S. 294–296; Jean Ancel, The Opposition to the Antonescu Regime. Its Attitude Towards the Jews during the Holocaust, in: Bankier/Gutman, Nazi Europe and the Final Solution, S. 339–357.

60 Radu Ioanid, The Holocaust in Romania. The Destruction of Jews and Gypsies Under the Antonescu Regime, 1940–1944, Chicago 2000, S. 278 f.

61 Telegramm Killinger an AA, 16. 2. 1944, in: ADAP Serie E Band 7, S. 421.

62 Shmuel Spector, Aktion 1005 – Effacing the Murder of Millions, in: Holocaust and Genocide Studies 5 (1990), S. 157–173.

63 Amtliches Material zum Massenmord von Winniza. Hrsg. im Auftrag des Reichsministers für die besetzten Ostgebiete, Berlin 1944; Tagebücher Goebbels Teil II, Band 8, S. 489 (Eintragung vom 16. 8. 1943).

64 Tagebücher Goebbels Teil II Band 10, S. 77 (Eintragung vom 9. 10. 1943).

65 Erklärung vom 12. 2. 1943, in: DzD Reihe I Band 4, S. 172; vgl. auch die Entschließung des US-Kongress vom 18. 3. 1943, ebenda S. 231.

66 Arieh J. Kochavi, Prelude to Nuremberg. Allied war crimes policy and the question of punishment. Chapel Hill, London 1998, S. 27 ff.; UdSSR und die deutsche Frage, Band 1, S. LXXVII ff.; vgl. die Erklärung Molotows über die Bestrafung der deutschen Kriegsverbrecher, 14. 10. 1942, in: DzD Reihe I Band 3, S. 1040–1042.

67 Vgl. DzD Reihe I Band 4, S. 613, 621 f.

68 Tagebücher Goebbels Teil II, Band 10, S. 218 f., 237 (Eintragungen vom 2. und 6. 11. 1943).

69 The Trial in the Case of the Atrocities Committed by the German Fascist Invaders and Their Accomplices in Krasnodar and Krasnodar territory, July 14 to 17. 1943. Moscow 1943. Vermutlich wurden schon im September 1943 vier deutsche Soldaten in Mariupol vor Gericht gestellt und hingerichtet, vgl. Andreas Hilger/Nikita Petrov/Günther Wagenlehner, Der «Ukaz 43», in: Sowjetische Militärtribunale. Band 1: Verurteilung deutscher Kriegsgefangener 1941–1953. Hrsg. von Andreas Hilger, Ute Schmidt und Günther Wagenlehner. Köln Weimar 2001, S. 177–209, hier 196.

70 Arieh J. Kochavi, The Moscow Declaration, the Kharkov Trial, and the Question of a Policy on Major War Criminals in the Second World War, in: History 67 (1991) H. 248, S. 401–417; Hilger/Petrov/Wagenlehner, «Ukaz 43», S. 199–206.

71 Vernehmung Hans Fritzsche, 28. 6. 1946, Der Prozeß gegen die Hauptkriegsverbrecher vor dem Internationalen Militärgerichtshof,

Nürnberg 14. November 1945–1. Oktober 1946. 42 Bde., Nürnberg 1947–1949, Band 17, S. 200 f.

72 Völkischer Beobachter (Berliner Ausgabe), 16. 12. 1943, S. 1; vgl. die Berichte des Einsatzstabes Rosenberg und des Reichsministeriums für die besetzten Ostgebiete über den Prozeß, BA NS 30/100 und R 6/264; Gerd R. Ueberschär, Anmerkungen zur Reaktion der deutschen Führung auf die sowjetischen Kriegsverbrecherprozesse, in: Die Tragödie der Gefangenschaft in Deutschland und der Sowjetunion 1941–1956. Hrsg. von Klaus-Dieter Müller, Konstantin Nikischkin, Günther Wagenlehner, Köln 1998, S. 215–224.

73 Aufzeichnung Gesandter von Sonnleithner, 24. 3. 1944, ADAP Reihe E Band 7, S. 552 f.

74 Kochavi, Prelude to Nuremberg, S. 69 ff.; Tagebücher Goebbels Teil II, Band 11, S. 45, 87 (Eintragungen vom 4. und 14. 1. 1944).

75 Vgl. Alexander Prusin, «Fascist Criminals to the Gallows!»: The Holocaust and Soviet War Crimes Trials, December 1945-February 1946, in: Holocaust and Genocide Studies 17 (2003) S. 1–30.

76 Heinrich Himmler, Geheimreden 1933 bis 1945 und andere Ansprachen. Hrsg. von Bradley F. Smith und Agnes F. Peterson, Frankfurt a. M. u. a. 1974, S. 201–203.

77 Christian Gerlach/Götz Aly, Das letzte Kapitel. Realpolitik, Ideologie und der Mord an den ungarischen Juden, Stuttgart, München 2002.

78 Randolph L. R. Braham, The Politics of Genocide. The Holocaust in Hungary, New York 1981, S. 1057–1141; Lipstadt, Beyond Belief, S. 221 ff.

79 Longerich, «Davon haben wir nichts gewusst», S. 300 ff.

80 Lipstadt, Beyond Belief, S. 233 ff.

81 Vgl. Deutsches Nachrichten-Büro, Auslandsagenturen Nr. 187, 5. 7. 1944, in: Jenö Levai, Geheime Reichssache, Papst Pius XII. hat nicht geschwiegen, Köln 1966, unpag. Dokumentenanhang.

82 Tagebücher Goebbels Teil II Band 13, S. 129 (Eintragung vom 16. 7. 1944); zu Schweizern und Schweden ebenda S. 184 (Eintragung vom 28. 7. 1944).

83 Sondergesandter in Ungarn an AA, 24. 10. 1944, in: The Destruction of Hungarian Jewry. Hrsg. von Randolph R. Braham, New York 1963, S. 514 f.

84 Yehuda Bauer, Freikauf von Juden? Verhandlungen zwischen dem nationalsozialistischen Deutschland und jüdischen Repräsentanten von 1933 bis 1945, Frankfurt a. M. 1996, S. 245 ff.

85 Jean-Claude Favez, Das Internationale Rote Kreuz und das Dritte Reich. War der Holocaust aufzuhalten?, München 1989, S. 334 ff.; Browning, Foreign Office, S. 85, 152; Aufzeichnung Rademacher, 14. 1. 1943, in: ADAP Serie E Band 5, S. 82 f.

86 Favez, Das Internationale Rote Kreuz, S. 204 f.; Leni Yahil, The Rescue of Danish Jewry. Test of a Democracy, Philadelphia 1969, S. 302–313.

87 Diensttagebuch des deutschen Generalgouverneurs, S. 612.

88 Regierungssitzung am 31. 5. 1943, Diensttagebuch des deutschen Generalgouverneurs, S. 682.

89 Dies trug zu einem Verfahren wegen Defaitismus bei: Zitat in Anklage Oberstes SS- und Polizeigericht gegen Hans Kellermann, 7. 8. 1944, BA, SS-Offiziersakte Kellermann (Hervorhebung im Original).

90 Institut für Zeitgeschichte, Fb 105, Band 41, Bl. 10013, Regierungssitzung am 7. 7. 1944.

91 Tagebücher Goebbels Teil II Band 13, S. 295 (Zitat, Eintragung vom 23. 8. 1944), S. 450 (Eintragung vom 10. 9. 1944).

92 Heinz Reinefarth, «Um die Freiheit des Warthegaues», in: Ostdeutscher Beobachter, 8. 11. 1944. Nach neueren Schätzungen ist die Zahl der Toten eher mit etwa 160.000 anzusetzen.

93 Vgl. die Akten im BA, R 55/1458. Weitgehend unbeachtet blieben hingegen die ersten detaillierten Veröffentlichungen über das Vernichtungslager Treblinka, die im Juli 1944 erschienen.

94 Regierungssitzung am 15. 9. 1944, Diensttagebuch des deutschen Generalgouverneurs, S. 909.

95 Majdanek 1941–1944. Hrsg. von Tadeusz Mencel, Lublin 1991, S. 423–426; Tagebücher Goebbels Teil II Band 14, S. 314 (Eintragung vom 2. 12. 1944); vgl. McKale, Curt Prüfer, S. 181.

96 Hermann Langbein, Menschen in Auschwitz, Wien 1972, S. 293.

97 Auschwitz 1940–1945. Studien zur Geschichte des Konzentrations- und Vernichtungslagers Auschwitz. Hrsg. von Waclaw Dlugoborski, Franciszek Piper, Oświęcim 1999, Band 4, S. 388 ff.; Martin Gilbert, Auschwitz and the Allies, New York 1981, S. 325.

98 Andrzej Strzelecki, Endphase des KL Auschwitz. Evakuierung, Liquidierung und Befreiung des Lagers. Oswiecim 1995, S. 59 ff., 123 ff.

99 Gilbert, Auschwitz and the Allies, S. 338.

100 Tagebücher Goebbels Teil II Band 15, S. 153 (Eintragung vom 19. 1. 1945).

101 Bernhard Fisch, Nemmersorf 1944. Was in Ostpreußen tatsächlich geschah, Berlin 1997, S. 150 ff.; Tagebücher Goebbels Teil II Band 15, S. 229, 316, 349 f., 390 f., 398, 424, 448 f.

102 Vgl. Daniel Blatman, Die Todesmärsche – Entscheidungsträger, Mörder und Opfer, in: Die nationalsozialistischen Konzentrationslager – Entwicklung und Struktur. Hrsg. von Ulrich Herbert, Karin Orth, Christoph Dieckmann, Göttingen 1998, S. 1063–1092.

103 Gerald Fleming, Hitler und die Endlösung. «Es ist der Wunsch des Führers ...», Wiesbaden, München 1982, S. 190–201; Simone Erpel, Zwischen Vernichtung und Befreiung. Das Frauen-Konzentrationslager Ravensbrück in der letzten Kriegsphase, Berlin 2005, S. 97 ff.

104 Andreas Kunz, Wehrmacht und Niederlage. Die bewaffnete Macht in der Endphase der nationalsozialistischen Herrschaft 1944 bis 1945, München 2005, S. 302.

105 Balta, Rumänien, S. 453–459.
106 Andrej Angrick, Peter Klein, Die «Endlösung» in Riga. Ausbeutung und Vernichtung 1941–1944. Darmstadt 2006, S. 453. Das Schicksal des im Februar 1945 vermissten HSSPF Südost, Schmauser, ist nicht geklärt.
107 Vgl. Irina V. Bezborodova, Generäle des Dritten Reiches in sowjetischer Hand, Graz 1998.
108 Adalbert Rückerl, NS-Verbrechen vor Gericht. Versuch einer Vergangenheitsbewältigung, Heidelberg 1982, S. 95 ff., und eigene Schätzungen für die Sowjetunion.
109 Die westdeutschen Strafverfahren wegen nationalsozialistischer Tötungsverbrechen 1945–1997. Eine systematische Verfahrensbeschreibung mit Karten und Registern. Bearb. von C. F. Rüter, D. W. de Mildt, Amsterdam, München 1998, S. 316.
110 So der stellvertretende Reichspressechef Helmut Sündermann, Mut zur Wahrheit, Leoni 1981, S. 246, der dies noch am 19. April erfahren haben will.
111 Allerdings wurde hierzu vom NS-Regime begrenzte Propaganda für die «Euthanasie»-Morde betrieben. Eine für 1942 geplante größere Propagandaaktion unterblieb jedoch, vgl. Zeitschriften-Dienst, Aussprache unter uns Nr. 5967, 2. 1. 1942: «Was geschieht für geistig Erkrankte und Nervenkranke in Deutschland?». Diesen Hinweis danke ich Boris von Haken.
112 Yahil, Die Shoah, S. 782–791; Wyman, Das unerwünschte Volk, S. 115 ff.
113 Ein Beispiel: Dieter Pohl, Hans Krüger – Der «König von Stanislau», in: Karrieren der Gewalt. Nationalsozialistische Täterbiographien. Hrsg. von Klaus-Michael Mallmann und Gerhard Paul, Darmstadt 2004, S. 134–144, hier 140.

Bildnachweis

S. 33: Bildstelle Hanau
S. 38: Archiv der Hansestadt Rostock, Foto: Friedrich Best
S. 39: Stadtarchiv München, Foto: Hugo F. Engels
S. 40: Stadtarchiv Oberhausen
S. 41: Stadtarchiv München, Foto: Hugo F. Engels
S. 42: Stadtarchiv Moosbach
S. 44: Stadtarchiv Baden-Baden, Foto: Josef Friedrich Coeppicus
S. 46: Privatarchiv Isaac E. Wahler, Buseck
S. 48: Stadtarchiv Wetzlar
S. 54: Bildstelle Hanau
S. 58: Danziger Vorposten v. 13. Mai 1944
S. 71: National Archives, Kew (bei London, ehem. Public Record Office)
S. 87: New York Times v. 26. Oktober 1941
S. 92: New York Times v. 18. Mai 1942
S. 94: Times v. 30. Juni 1942
S. 95: Bundesarchiv
S. 99: Times v. 4. Dezember 1942
S. 105: Bundesarchiv
S. 108: Times vom 20. Dezember 1943
S. 109: Völkischer Beobachter v. 16. Dezember 1943
S. 111: Yad Vashem Archives
S. 114: New York Times v. 18. Mai 1944
S. 115: New York Times v. 10. Mai 1944
S. 121: Bundesarchiv (entnommen einer Publikation des Staatl. Museums Auschwitz)

Namensregister